EVANGELHO
FÁCIL

Luis Hu Rivas

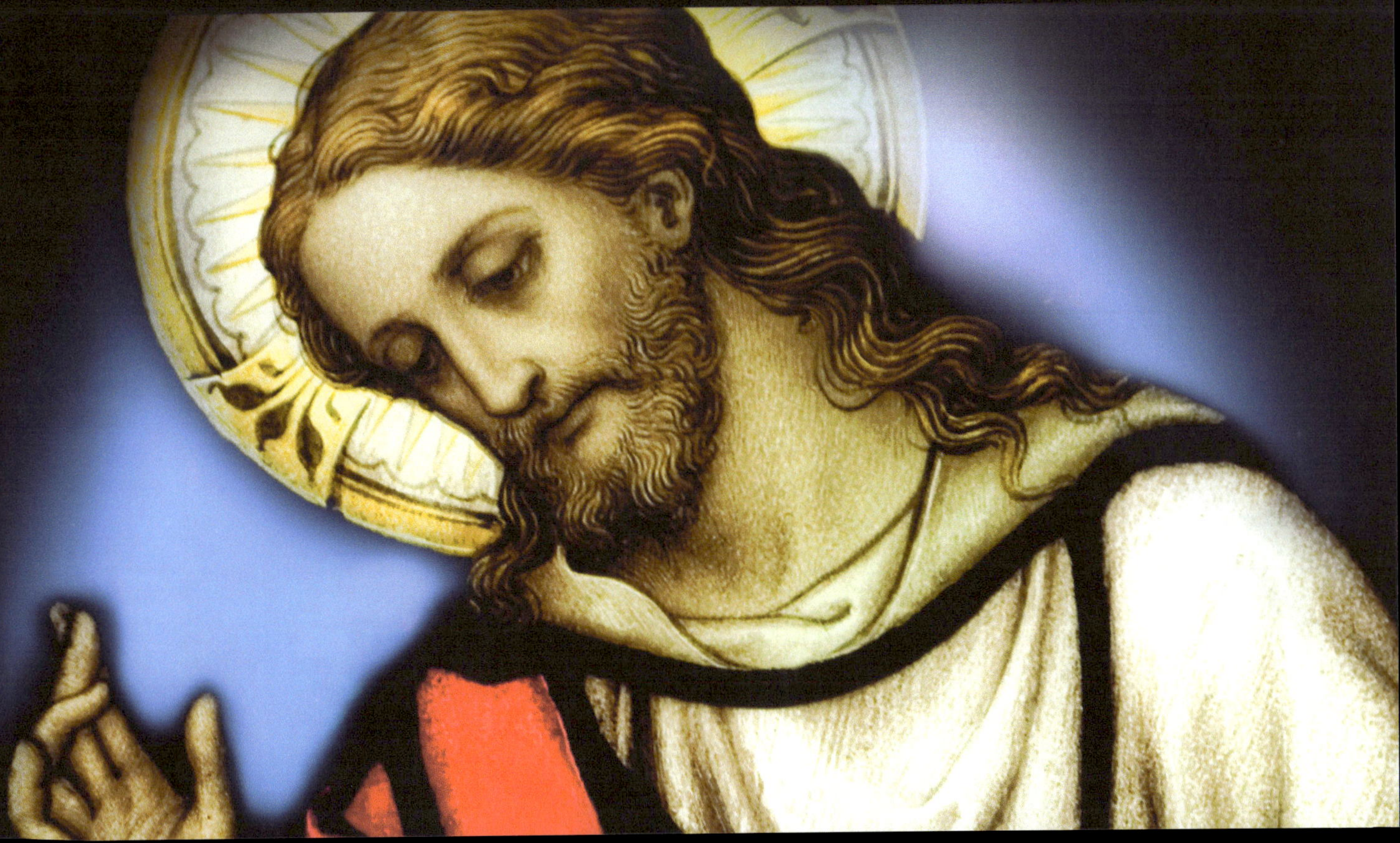

Capa
LUIS HU RIVAS

Índice

Espíritos Puros 4
Maoridade Terrestre 6
Enviados 8
O Cristo 10
O Evangelho 12
As Bem-aventuranças 14
As Trevas 16
O Consolador 18
O Epírito da Verdade 20
Princípios do Evangelho 22
O Evangelho segundo o Espiritismo 24
O amor 26
Caridade e Humildade 28
Ensinamentos 30
O homem de bem 32
Imotalidade da alma 34
Deus 36
A Oração 38
Trabalhadores da última hora 40
O Evangelho e o futuro 42

Espíritos Puros

Existe no Sistema Solar, uma Comunidade de Espíritos Puros, responsáveis pela criação dos planetas e a evolução das suas humanidades. Eles programam a encarnação de seres iluminados para realizar o progresso espiritual dos povos. A finalidade é conseguir que todos conheçam e vivam seus ensinos divinos, para atingir o estado de pureza e felicidade, em que eles se encontram.

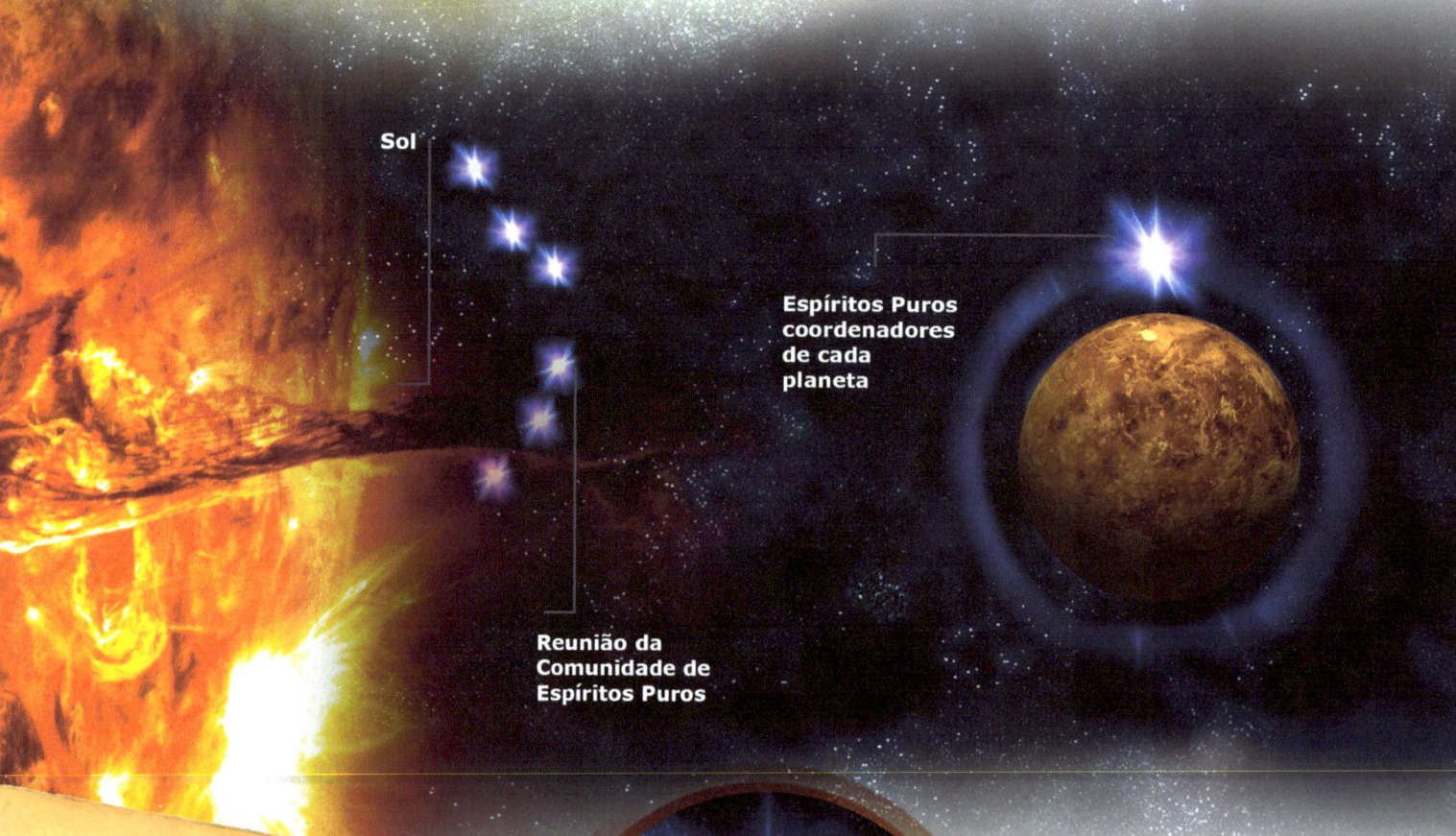

Sol

Espíritos Puros coordenadores de cada planeta

Reunião da Comunidade de Espíritos Puros

Nome: Espíritos Puros
Conceito: Espíritos com avançadíssimo nível de evolução espiritual.
Função: Dirigir os planetas e as humanidades desde a sua formação.
Outros nomes: Arcanjos, Cristos, Semi-deuses, Deuses, etc.

2da Reunião

A Terra já formada, e a sua humanidade em condições de entender os ensinos dos Espíritos Angélicos, a Comunidade reuniu-se por segunda vez, planejando a encarnação do Espírito Puro: Jesus.

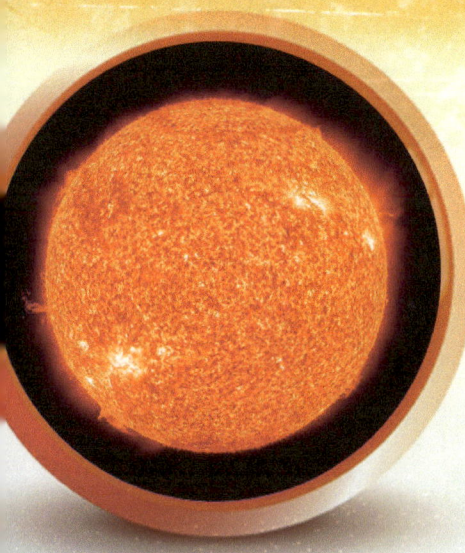

1eira Reunião
A Comunidade de Espíritos Puros reuniu-se por primeira vez, quando o planeta Terra se desprendia da nebulosa solar. Era o início da formação do nosso orbe, da sua estrutura e do surgimento da vida.

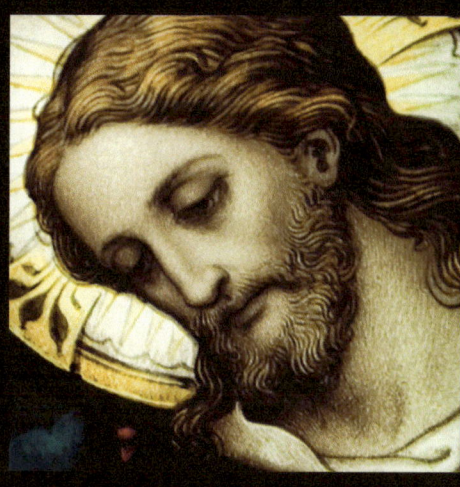

Quem é Jesus?

Jesus faz parte desta Comunidade de Espíritos Puros, Angélicos, ou Crísticos, responsáveis pela direção dos planetas.
Os ensinamentos que o Cristo e seus emissários trazem para a Terra tem a função de realizar a iluminação interior do homem. Com estes códigos, as humanidades, tem condições de chegar ao estado de pureza, no qual os Espíritos Puros se encontram. Este nível do "reino dos Espíritos Puros" foi conhecido com diversos nomes: "reino dos céus", "samadhi", "nirvana", "iluminação", "compreensão do universo", "autorealização" ou "libertação".

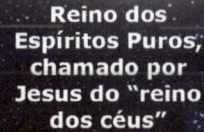

Reino dos Espíritos Puros, chamado por Jesus do "reino dos céus"

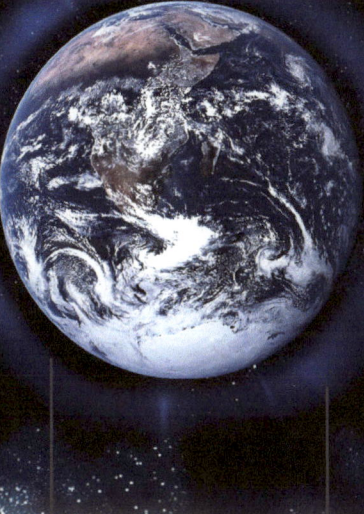

Terra

Para que Jesus veio a Terra?
Para transmitir a humanidade os ensinamentos sublimes, de como conseguir atingir o nível dos Espíritos Puros. Os homens, já tinham as condições mínimas de entender, o caminho do "reino dos céus". Esses ensinos morais estão dentro dos Evangelhos, servem a todos os povos.

3eira Reunião
Os Espíritos informam que existirá uma terceira reunião de Espíritos Puros, decidindo os novos caminhos do planeta. A Terra ingressará a uma nova nova era de regeneração espiritual.

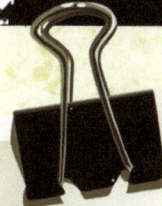

A Caminho da luz

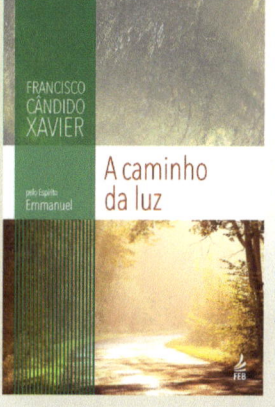

Livro do Espírito Emmanuel, psicografado por Chico Xavier. Nele, descreve a história da Humanidade, as encarnações dos enviados do Cristo nas grandes civilizações do passado e a trajetória da sua mensagem até os nossos dias.

Maioridade Terrestre

A Terra estava entrando na sua maioridade espiritual e a humanidade prestes a receber a mensagem de luz do seu Espírito Puro: Jesus. Seis séculos antes da sua vinda, o Cristo vai enviar uma corte de Espíritos sábios, preparando o ambiente espiritual do planeta. Depois da sua morte, por mais seis séculos, continuará enviando mensageiros, e mais tarde, enviará o Consolador, para a instauração definitiva da mensagem sublime.

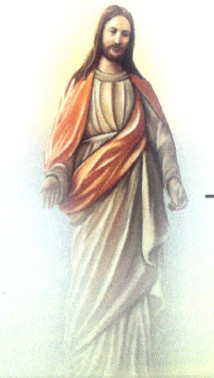

Em apenas três anos (30 d.C. ao 33 d.C.) o Cristo ensinará aos homens, o código do "Amor Incondicional", que norteia aos Espíritos Puros.

Durante seis séculos antes da vinda do Cristo, Ele enviará Espíritos luminosos em todo o planeta.

Moisés recebe a primeira grande revelação espiritual em Ocidente.

0 - 33 d.C.

650 a.C.

1250 a.C.

Nome:
Maioridade Terrestre
Conceito:
Período que a humanidade está apta a entender a mensagem de iluminação.
Objetivo:
Proporcionar aos homens o caminho para conseguir sua angelitude.
Data:
Inicia seis séculos antes de Cristo e perdura por mais seis séculos.
Método:
Ensinos do amor incondicional, escritos nos Evangelhos.

Maioridade Terrestre

Durante este período (aproximadamente 12 séculos) a Terra vai receber grandes emissários da luz, incluindo o próprio Cristo, para a implantação da mensagem de amor incondicional no coração dos homens.
A humanidade finalmente estava em condições de receber, as primeiras noções do "reino dos céus", rumo a sua angelitude.

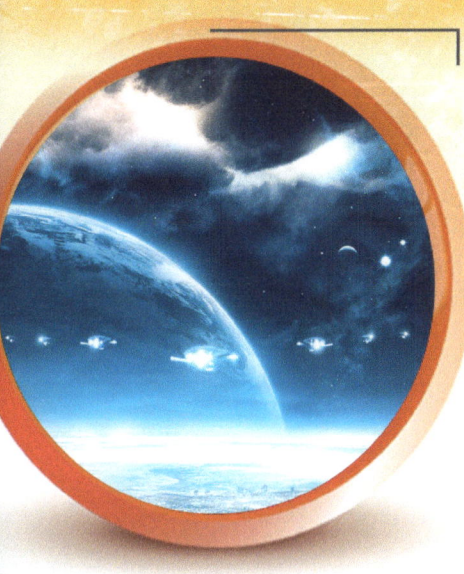

O projeto do Cristo

O Cristo, ciente do nível primário da humanidade, e da futura época de trevas que vivenciará o planeta, promete o envio de um consolador. O "Espírito da Verdade" que vai fazer compreender melhor tudo o que ele ensinou. No século XIX, o século das luzes, a humanidade está pronta para receber o Consolador: o Espiritismo com a fé raciocinada. Assim, o Evangelho volta a ser redivivo, agora a fé, além de ser sentida pelo coração, pode ser entendida pela razão.

A vinda do Cristo ao planeta, trazendo a mensagem luminosa da verdade e do amor, assinalara o período da maioridade espiritual da Humanidade.

Até seis séculos depois da sua morte, o Cristo continuará enviando Espíritos sábios.

O Consolador
No final do período de trevas, surgirá a Terceira Revelação. O Espiritismo, o Evangelho redivivo, para entrar em definitivo no coração e na mente dos homens.

610 d.C.

1870 d.C.

As Trevas

Durante este período, exatamente 1260 anos, a Terra vai sucumbir nas trevas da sua própria ignorância. Tomada por uma nuvem de Espíritos trevosos, será o período da "Besta do Apocalipses", e a mensagem do Cristo sofrerá todas as possíveis deturpações.
Este período será a decadência da evolução científica, filosófica e religiosa da Humanidade.

Jesus prometeu vir ao planeta?

Há mais de vinte mil anos, o Cristo recebeu na Terra, Espíritos rebeldes, exilados de Capela. Estes Espíritos vão formar quatro grandes agrupações: Os egípcios, a família indo-europeia, o povo de Israel e as Castas da Índia. Antes de reencarnar no planeta, todos estes Espíritos recebem as palavras de acolhimento do Cristo e a promessa da sua vinda, para a sua redenção no planeta.
Esse é o motivo, pelo qual nessas culturas e civilizações, estará sempre presente a noção da vinda de um Messias, um Enviado ou um Avatar, para sua salvação. Mas nem sempre esses povos estiveram dispostos a reconhecer, na figura de Jesus, o seu redentor.

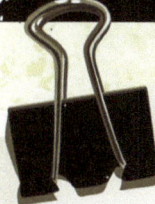

A Primeira Revelação

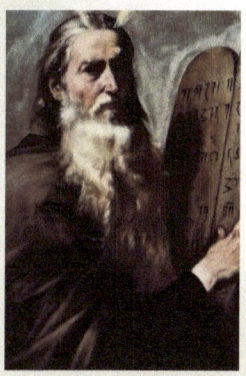

Muito antes da sua vinda, Jesus envia a Moisés (1250 a.C.) para dar inicio a primeira revelação espiritual em Ocidente. Moisés recebe os 10 mandamentos da lei de Deus e os ensina aos hebreus.

Enviados

O Cristo envia diversos Espíritos sábios para Ocidente e Oriente. Foram seis séculos antes da sua vinda, preparando a o ambiente psícquico da Terra, para a sua maioridade espiritual e para a chegada do Evangelho.

A quem enviou para Ocidente?

O Cristo envia principalmente para a Grécia, diversos Espíritos sábios, filósofos, artistas, no chamado "Século de Péricles" (século IV a.C.). Cabe destacar a figura de Platão, Aristóteles e principalmente de Sócrates (470 a.C. - 399 a.C.), já que na sua existência, em algumas vezes, aproxima-se da exemplificação do Cristo.

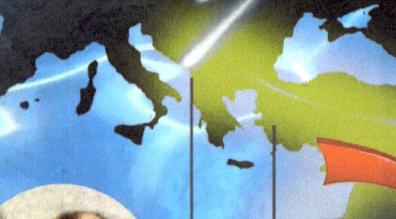

Ocidente

Área de expansão do império de Alexandre, o Grande.

Os ensinos de Sócrates, escritos por Platão, preparam os caminhos do Evangelho em Ocidente. Neles estão os princípios espíritas da imortalidade da alma, purificação e autoconhecimento em frases como:
"A busca humana mais importante é a da perfeição moral."
"Uma vida sem desafios não vale a pena ser vivida."
"Existe apenas um bem, o saber, e apenas um mal, a ignorância."
"Não sou nem ateniense, nem grego, mas sim um cidadão do mundo."
"Sábio é aquele que conhece os limites da própia ignorância."
"Conhece-te a ti mesmo, torna-te consciente de tua ignorância e serás sábio."
"Melhor sofrer uma injustiça do que cometê-la."

Alexandre, o Grande (356 a.C. – 323 a.C.)
O discípulo de Aristóteles, com as suas conquistas, irá levar para todo o mundo conhecido o pensamento grego, com as ideias iniciais do cristianismo.

Nome:
Enviados
Conceito:
Espíritos sábios enviados pelo Cristo, VI séculos antes da sua vinda.
Objetivo:
Preparar o caminho para a chegada do Evangelho na Terra.
Oriente:
Confúcio, Lao-Tsé e Buda.
Ocidente:
Sócrates, Platão, Aristóteles, entre outros.

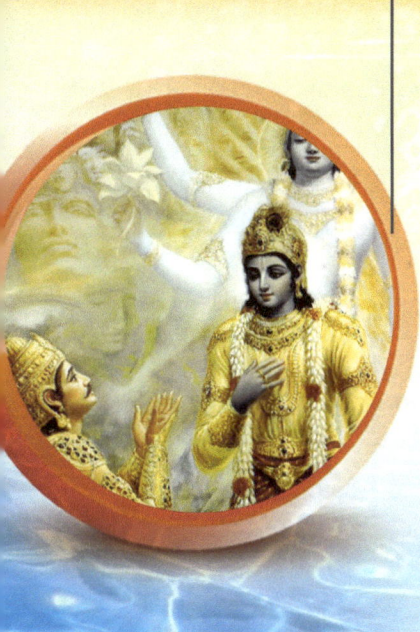

O que um Avatar?

É a encarnação de um enviado de Deus. O povo hindu abraça todos os missionários enviados pelo Cristo, como "avatares". Os ensinos de Krishna (3 mil anos a.C., Índia), estão no livro "Bhagavad Gita". Nele, o seu discípulo Arjuna, recebe a iluminação de Krishna, que o instrui na ciência da auto-realização.

Existem revelações espirituais em oriente?

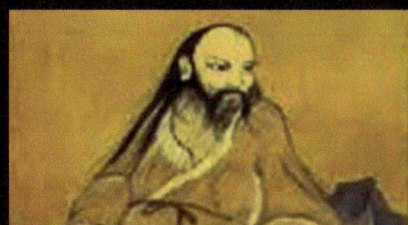

Sim. Há quase 5 mil anos, o Cristo envia missionários para oriente, dentre deles destaca-se Fo-Hi. Ele trouxe uma ciência altamente evolutiva, após observar as estrelas, o corpo e a natureza, descobriu a polaridade existente no universo: o Yang (ativo) e o Yin (passivo). Fo-Hi mostrou que a única forma construtiva é o equilíbrio entre os opostos.

Oriente

Lao-Tsé
(século VI a.C, China)
Espírito iluminado que ensinou o "Tao" ou caminho, no livro "Tao Te Ching": O Livro do Caminho e da Virtude. Seus ensinos são similares aos do Evangelho:
"Quanto mais egoísta, mais se sofre."
"As palavras sinceras não são agradáveis, as agradáveis não são sinceras."
"Se queres receber, deves primeiro dar: eis o início da inteligência."
"Se perecer a virtude, perecerá a caridade."
"Quem é bom não discute."
"O homem prudente prefere ser o último, e é colocado primeiro".

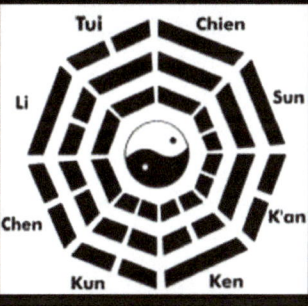

Fo-Hi trouxe o I Ching, "o livro das mutações" e através dos seus símbolos, podem ser revelados ensinamentos espirituais.

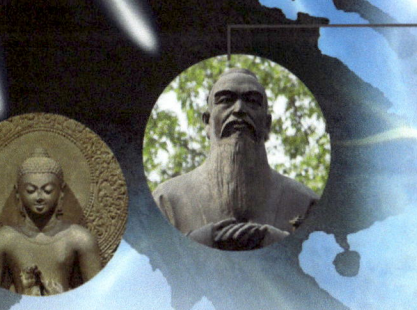

Buda
(623 a.C.- 543 a.C., Nepal)
Enviado pelos Cristo, Sidarta Gautama ensina o caminho certo para a iluminação, para atingir o "Nirvana": a união permanente da alma com Deus. Seus ensinos similares as do Evangelho:
"Pratiquem a bondade, não criem sofrimento, dirijam a própria mente."
"Um homem só é nobre quando consegue sentir misericórdia por todas as criaturas."
"Somos consequência do que pensamos."
"A paz vem de dentro de você mesmo. Não a procure à sua volta."
"A origem do sofrimento encontra-se nos desejos e nas ilusões das paixões."

Confúcio
(551 a.C. – 479 a.C., China)
Assim como Sócrates, Confúcio prepara os caminhos do Evangelho em oriente. Ele faz ressurgir os ensinos de Lao-Tsé, e prega a busca humana pelos valores. Seus cinco princípios são: o altruísmo, cortesia, sabedoria moral, integridade, fidelidade e justiça. Alguns dos seus ensinos:
"Aja antes de falar e, portanto, fale de acordo com os seus atos."
"Se queres prever o futuro, estuda o passado."
"O homem superior atribui a culpa a si próprio; o homem comum aos outros."
"A humildade é a única base sólida de todas as virtudes."
"Quando vires um homem bom, tenta imitá-lo; quando vires um homem mau, examina-te a ti mesmo."
"Não corrigir nossas faltas é o mesmo que cometer novos erros."

A Cultura Greco-Romana

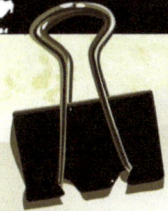

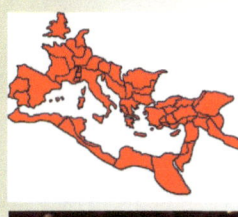

II século antes de Cristo, os Romanos conquistam a Grécia e absorveram a sua cultura. Alexandre, o Grande, reencarna novamente, agora como o romano Júlio César, e levará a cultura Greco-Romana, para o mundo conhecido. Com o latim, como língua do império, facilitará a futura divulgação do Evangelho.

O Cristo

As condições estão dadas, a Terra começa a era definitiva da sua maioridade espiritual e a humanidade tem as condições para receber ao Cristo. Jesus com a sua exemplificação divina, escrita nos Evangelhos, entregaria o código da fraternidade e do amor a todos os corações. Seu exemplo na prática do bem, do perdão, da humildade e da caridade, tornam a Jesus o modelo e guia para a humanidade.

Pax Romana
Começa com Augusto César no 27 a.C. um período no império romano conhecido como a PAX Romana, que vai durar até o ano 180 d.C. Este momento de relativa paz e estabilidade em Roma, vão facilitar a expansão do cristianismo e dos ensinos de Jesus em Ocidente.

A manjedoura
A manjedoura assinala o ponto inicial da lição do Cristo. Eis a forma do Cristo dizer que a humildade representa a chave de início de todas as virtudes.

Lugares
Jesus escolheu os ambientes mais pobres e mais desataviados para viver a intensidade de suas lições sublimes, mostrando aos homens que a verdade dispensava de cenários suntuosos e dos templos.

Paz
Combateu pacificamente todas as violências oficiais do judaísmo, renovando a Lei Antiga com a doutrina do esclarecimento, da tolerância e do perdão.

O "Sermão da Montanha"
As "bem-aventuranças", baseadas na humildade e caridade, marcam o momento macro do ensino do Cristo São lições de conduta, que ditam os princípios para conduzir ao bem, como ser humilde, misericordioso, pacífico, justo e puro. Podem ser considerados como um resumo dos ensinamentos para atingir "reino dos céus".

Vida Espiritual
Espalhou as mais claras visões da vida imortal, ensinando que existe algo maior às pátrias, às bandeiras, ao sangue e às leis humanas.

27 a.C.	Ano 0	30 d.C.	
PAX ROMANA (207 anos)	**PREPARAÇÃO** (30 anos)		**VIDA PÚBLICA DE JESUS** (3 anos e médio de duração)

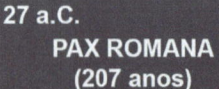
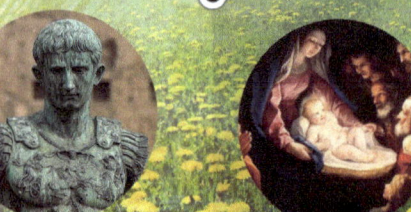
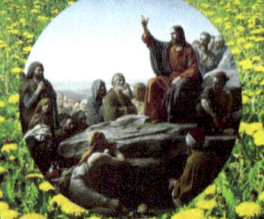
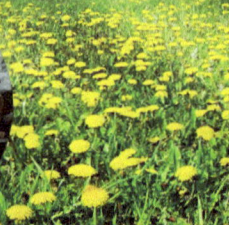

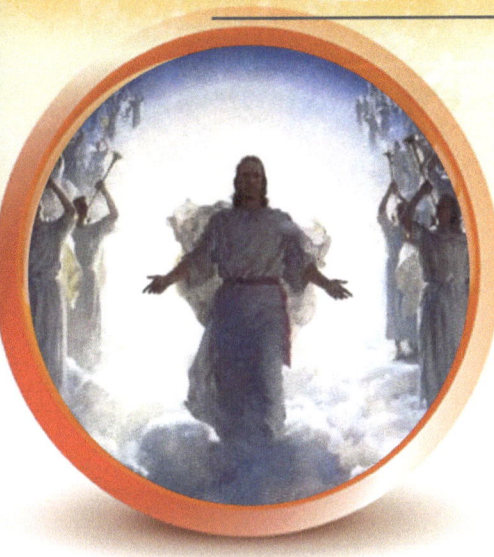

Jesus vai voltar?
Sim. Jesus deverá voltar espiritualmente, quer dizer, no coração dos homens. Isto só acontecerá quando a humanidade compreenda e viva o Evangelho. Este é o papel do Espiritismo, trazer de volta ao Cristo, explicar sem mistérios os seus ensinos e facilitar seu entendimento e vivência.

Ciência, Filosofia e Religião
Sua palavra profunda, enérgica e misericordiosa, refundiu todas as filosofias, aclarou o caminho das ciências e já teria irmanado todas as religiões da Terra, se a maldade dos homens não tivesse deturpado a sua mensagem.

Lições
Suas lições servem para todas as áreas do conhecimento humano, no sentido de renovar a sociedade e política, com a transformação moral dos homens. Os ensinos propõem uma nova era de justiça econômica e de harmonia global.

Milagres
O maior milagre que Jesus fez foi a revolução que seus ensinos de amor e perdão causaram nos homens. Essa mensagem é capaz de mudá-los, convertendo-os em seres de bem, transformando assim o mundo.

O Consolador
Jesus anunciou a vinda do Consolador, do Espírito de Verdade, que haveriam de ensinar todas as verdades espirituais e de lembrar o que Ele dissera.

Os princípios do Espiritismo
Jesus ensinou os princípios espíritas na sua vida.
A mediunidade, no monte Tabor, momentos antes da crucificação, conversando com os Espíritos de Elias e Moisés.
Jesus após ser crucificado, e morto o seu corpo, durante quarenta dias aparece aos seus discípulos, num fenômeno chamado de materialização. Ele pode ser visto e tocado, pela mediunidade dos seus seguidores, demonstrando a imortalidade da alma e a comunicação mediúnica.

33 d.C — 40 dias
APARIÇÃO DE JESUS DESENCARNADO (40 dias)

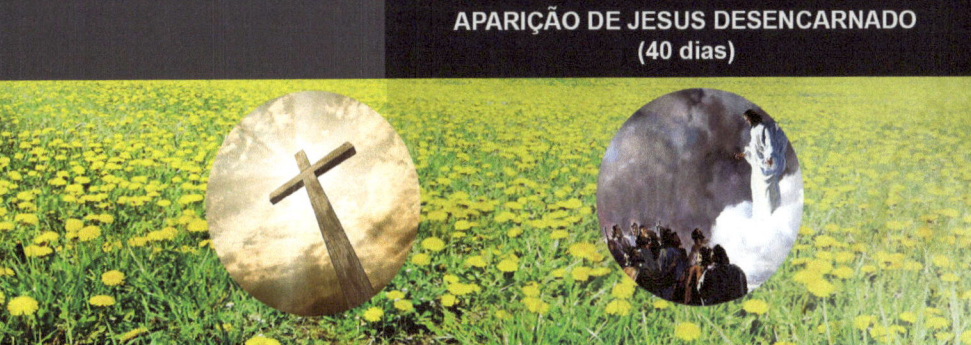

O que é o "reino dos céus"?

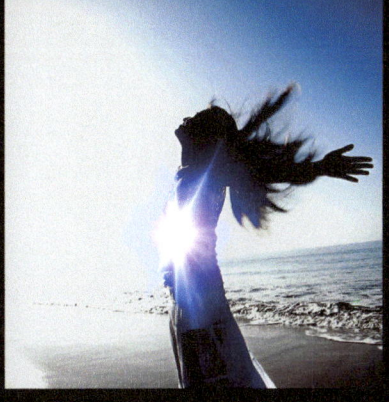

É o estado espiritual no qual se encontra Jesus e os Espíritos Puros, diretores dos planetas. Através do seu Evangelho, o Cristo vai ensinar-nos que o caminho para chegar ao "reino dos céus" deve ser dentro do nosso coração. Ele vai despertar o potencial do futuro anjo ou "Espírito Puro" existente em cada ser humano. Com o amor incondicional: a Deus, ao próximo (incluindo os inimigos) e a si mesmo, o homem está em condições de entrar no mundo dos "Espíritos Puros", ou "reino dos céus".

A Caridade

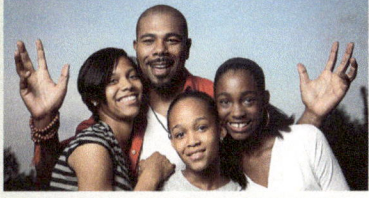

O Evangelho destaca a caridade, como o amor em ação. Jesus não a entendia como esmola, mas, sim:
* benevolência para com todos.
* indulgência para as imperfeições alheias.
* perdão das ofensas.

O Evangelho

O Evangelho ou "boa nova" são ensinos do Cristo para iluminar-nos implantando o "reino dos céus" no coração dos homens. Estes ensinos estão resumidos na lei do amor: A Deus, ao próximo e a si mesmo. Amar a quem nos é desconhecido, fazer o bem sem importar quem seja a pessoa, enxergar em todos os seres os nossos irmãos, vai criar os moldes da solidariedade (amor a todos), acima da fraternidade (amor só aos irmãos). E ainda, o Cristo vai propor o amor aos inimigos, com o perdão das ofensas, iniciando a era do amor incondicional na Terra.

O Cristo é Deus?

Sim. Assim como os Espíritos Puros, nossos próximos, nós mesmos, e até os animais, todos somos deuses.

O princípio espiritual "divino" encontra-se em todos os seres, e Jesus, o nosso irmão espiritual maior, sempre nos fala do amor a todas as expressões da vida, pois nelas estão os gérmens do futuro "anjo". Por isso Ele disse: "Vós sois deuses".

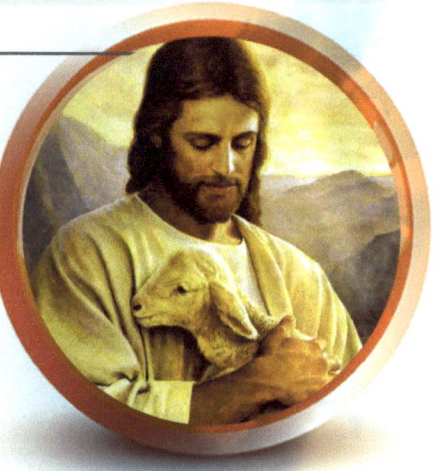

Jesus disse: "Um novo mandamento vos dou: Que vos ameis uns aos outros; como eu vos amei a vós".
E ensina aos seus seguidores sobre a importância do amor entre eles: "Meus discípulos verdadeiros serão conhecidos por muito se amarem".

O que é "Amar o próximo como a si mesmo"?

É a expressão mais completa da caridade, porque resume todos os deveres do homem para com o próximo. A prática dessas máximas tende à destruição do egoísmo. Quando os homens as adotarem como regra de conduta e como base de suas instituições, compreenderão a verdadeira fraternidade e farão que entre eles reinem a paz e a justiça.

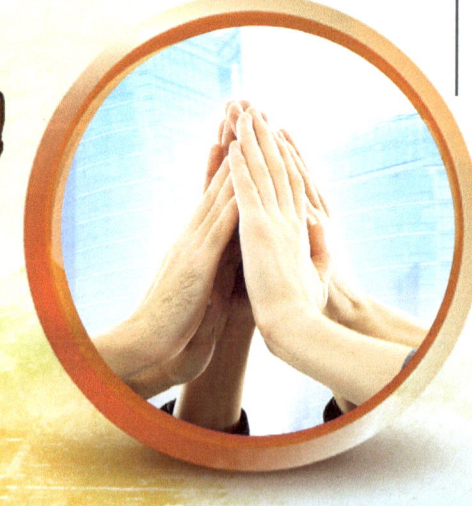

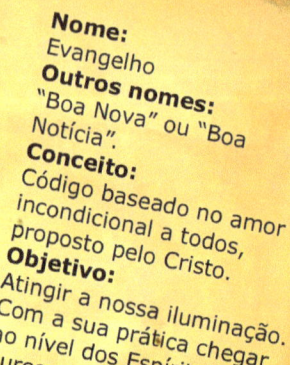

Nome: Evangelho
Outros nomes: "Boa Nova" ou "Boa Notícia".
Conceito: Código baseado no amor incondicional a todos, proposto pelo Cristo.
Objetivo: Atingir a nossa iluminação. Com a sua prática chegar ao nível dos Espíritos puros.

O amor resume a doutrina de Jesus toda inteira, porque é o sentimento por excelência.

No Evangelho encontramos a máxima: "Amarás, pois, ao Senhor teu Deus de todo o teu coração, e de toda a tua alma, e de todo o teu entendimento, e de todas as tuas forças; este é o primeiro mandamento".

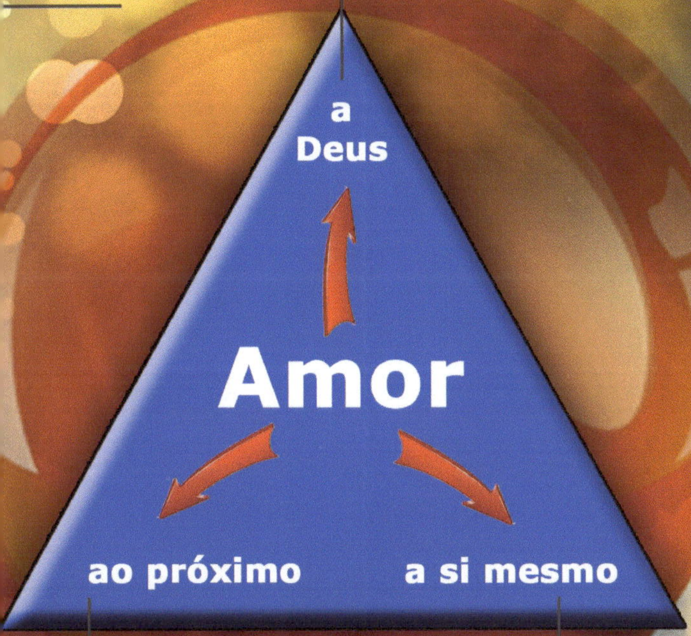

Amor
- a Deus
- ao próximo
- a si mesmo

Jesus prossegue dizendo: "O segundo, semelhante a este, é: Amarás o teu próximo como a ti mesmo. Não há outro mandamento maior do que estes".

Devemos amar aos inimigos?

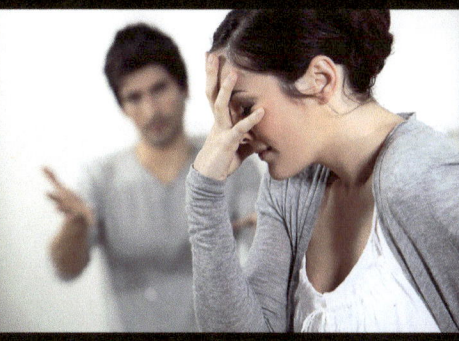

Sim. Talvez seja está, a maior e mais desafiante das propostas do Cristo para os homens. Se o amor do próximo constitui o princípio da caridade, amar os inimigos é a mais sublime aplicação desse princípio, porque a posse dessa virtude é uma das maiores vitórias alcançadas contra o egoísmo e o orgulho.

Amar os inimigos é perdoar-lhes, sem segundas intenções e incondicionalmente o mal que nos causem; é não opor nenhum obstáculo à reconciliação; restituir-lhes todo o mal com o bem. Por isso Jesus ensina: "Amai os vossos inimigos; fazei o bem aos que vos odeiam e orai pelos que vos perseguem e caluniam".

Caminho, verdade e vida

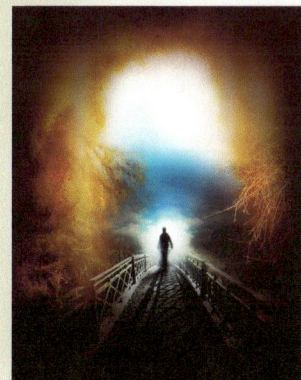

O exemplo de vida de Jesus, baseado na humildade e caridade, nos servem como caminho a ser seguido, para atingir a verdade e a vida espiritual dos Espíritos puros, a nossa "angelitude".

As Bem-aventuranças

O Sermão da Montanha a síntese da mensagem de Jesus. Ele começa com as Bem-aventuranças, que são máximas do Cristo descritas com clareza, os passos que o homem deve seguir para chegar ao "reino dos céus". Elas são um chamado à prática das virtudes, da humildade e da caridade, desdobramentos do amor.

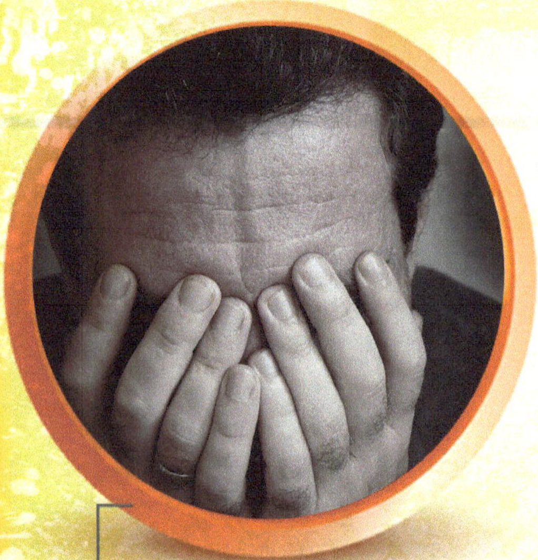

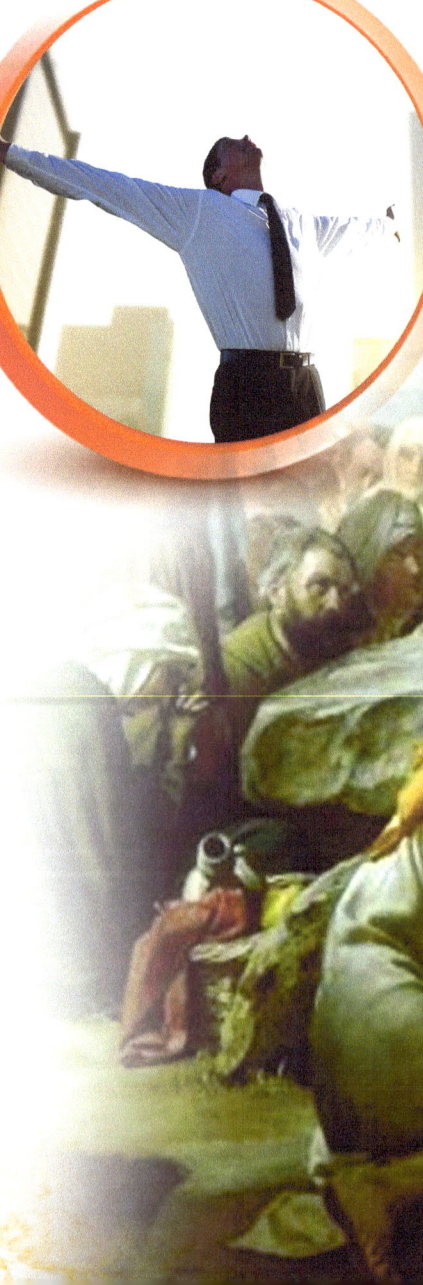

Orgulho → Humildade
Bem-aventurados os pobres de espírito.

Vingança → Perdão
Bem-aventurados os que choram.

Maldade → Bondade
Bem-aventurados os mansos.

Injustiça → Justiça
Bem-aventurados os que tem fome e sede de Justiça.

Egoísmo → Caridade
Bem-aventurados os misericordiosos.

Vício → Pureza
Bem-aventurados os puros de coração.

Violência → Paz
Bem-aventurados os pacificadores.

Rebeldia → Resignação
Bem-aventurados os que sofrem perseguição.

Temor → Fé
Bem-aventurados sois vós, quando vos injuriarem, perseguirem e mentirem, dizendo todo mal contra vós por minha causa.

Tristeza → Alegria
Exultai e alegrai-vos, porque é grande vosso galardão nos céus.

O "Homem velho"
Os defeitos, que são resultado da nossa ignorância no bem, tem como base o orgulho e o egoísmo.

Nome:
As Bem-aventuranças
Conceito:
Ensinamentos do Cristo da prática das virtudes para humanidade.
Virtudes:
Humildade, Perdão, Bondade, Justiça, Caridade, Pureza, Paz, Resignação, Fé, Alegria.
Defeitos:
Orgulho, Vingança, Maldade, Injustiça, Egoísmo, Vício, Violência, Rebeldia, Temor, Tristeza.

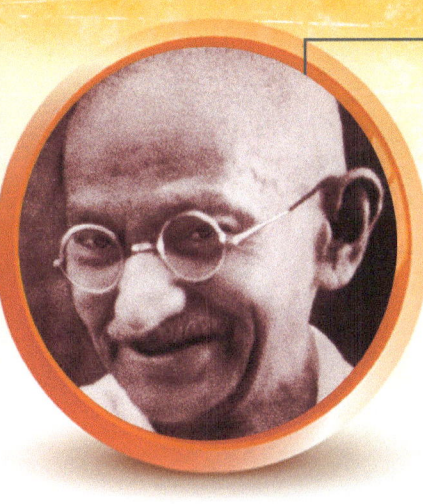

Qual é a importância das bem-aventuranças?

Afirmava o grande pacifista indiano, Mahatma Gandhi (1869-1948) que se toda a literatura ocidental de perdesse e restasse apenas o "Sermão da Montanha", nada se teria perdido.

Jesus viu a multidão, subiu num monte, e sentando-se, aproximaram-se dele os discípulos. E abrindo a sua boca, os ensinava, dizendo as Bem-aventuranças.

Virtudes propostas pelo Cristo para o "homem novo".

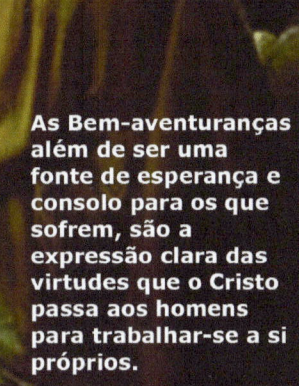

As Bem-aventuranças além de ser uma fonte de esperança e consolo para os que sofrem, são a expressão clara das virtudes que o Cristo passa aos homens para trabalhar-se a si próprios.

Quais são bem-aventuranças?

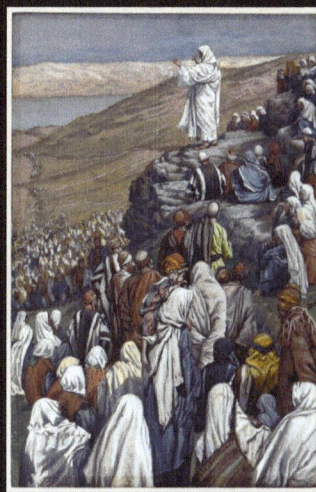

1. Bem-aventurados os pobres de espírito, porque deles é o Reino dos Céus.
2. Bem-aventurados os que choram, porque serão consolados.
3. Bem-aventurados os mansos, porque herdarão a terra.
4. Bem-aventurados os que tem fome e sede de Justiça, porque serão fartos.
5. Bem-aventurados os misericordiosos, porque encontrarão a Misericórdia.
6. Bem-aventurados os puros de coração, porque verão a face e Deus.
7. Bem-aventurados os pacificadores, porque serão chamados filhos de Deus.
8. Bem-aventurados os que sofrem perseguição por causa da Justiça, porque deles é o Reino dos Céus.
9. Bem-aventurados sois vós, quando vos injuriarem, perseguirem e mentirem, dizendo todo mal contra vós por minha causa.
10. Exultai e alegrai-vos, porque é grande vosso galardão nos céus, porque assim perseguiram os profetas que foram antes de vós.

As Trevas

Após a sua vinda, o Cristo continuará enviando por mais seis séculos, diversos mensageiros para implantar o Evangelho na Terra. Depois desse período, durante 1260 anos, o planeta entrará num período de trevas, onde todo tipo de crimes serão realizados no nome do "cordeiro". Será o domínio da chamada "besta do apocalipses".

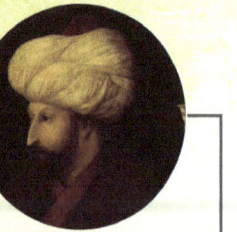

Maomé (570d.C.-670d.C.)
Jesus envia a um missionário para restaurar os ensinos do Evangelho nos povos árabes, em oposição aos abusos romanos da Europa. Ele torna-se rico e não resiste ao assédio dos Espíritos da Sombra, desviando-se do caminho.

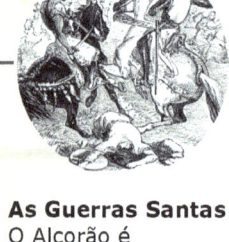

As Guerras Santas
O Alcorão é consequência da alta mediunidade de Maomé, mistura de lições cristãs com violência e imposição. Por isso, o Islamismo, que vinha a restabelecer o ensino de Jesus, corrigindo os desvios do Papado nascente, assinalou mais uma vitória das Trevas contra a Luz.

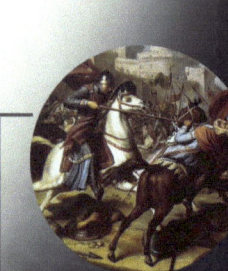

As Cruzadas (1096 –1272)
As nove cruzadas, foram movimentos militares de caráter anticristão, realizados pelos chamados "Cristãos" da Europa, em direção da Terra Santa, para recuperar do domínio dos turcos muçulmanos.

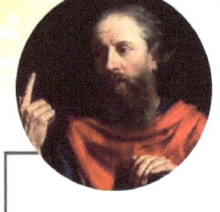

Paulo de Tarso (5d.C. – 67d.C.)
Jesus chamou ao espírito luminoso e enérgico de Paulo, para a divulgação da nova doutrina. É graças a ele, que hoje somos cristão.
Paulo, viajava de cidade em cidade, com o seu enorme prestígio, falava do Mestre, inflamando os corações. Seu trabalho foi um acontecimento dos mais significativos na história do Cristianismo.

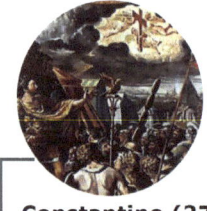

Constantino (272 d.C. – 337 d.C.)
Com o Imperador romano Constantino, o Cristianismo primitivo, vai transformar-se em religião do estado. Perderá sua pureza, e os novos cristãos, passaram de ser perseguidos, a ser perseguidores.

Início
O período da "besta" inicia, quando o Papado se consolidava, após o seu surgimento, com o imperador Focas, em 607.

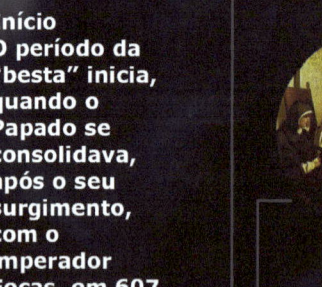

A Inquisição (século XIII - século XIX)
Foi a criação de um tribunal para reprimir as "heresias". Obra direta do papado, esse tribunal criminal e perverso entravou a evolução da Humanidade por mais de seis longos séculos.

---

33 d.C. — ENVIO DE MENSAGEIROS (Durante 6 séculos)

610 d.C. — A BESTA DO APOCALIPSES (1260 anos de domínio)

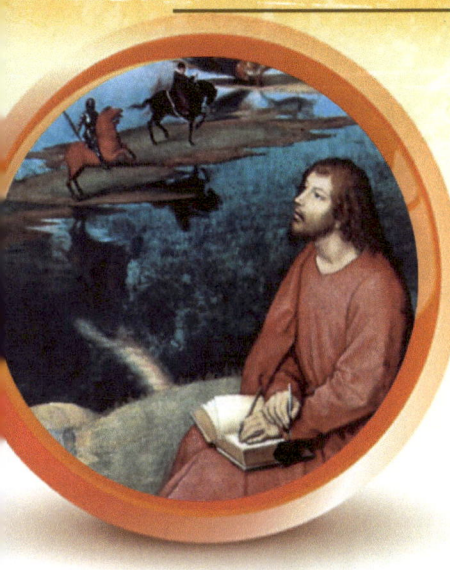

Ápice das Trevas (séculos XII, XIII e XIV)
Foi a pior época da humanidade. Longo período de sombras invadiu a Terra: guerras, pestes, cruzadas, inquisição, e crimes tenebrosos foram perpetrados ao pé dos altares, em nome d'Aquele que é amor, perdão e misericórdia.

O que e o Apocalipses?

O apóstolo João Evangelista (6d.C.-100d.C.), escreve no "Apocalipse", o destino da Humanidade. Nele encontramos o período que a "besta" poderia dizer grandezas e blasfêmias, acrescentando que o seu número era o 666. Esse período começa no 610, com o início do papado, e finaliza no 1870 com a criação da infabilidade papal. Quanto ao número 666 referem-se ao Sumo-Pontífice da igreja romana.

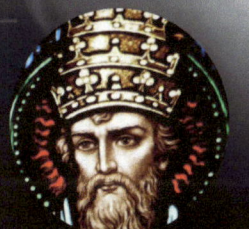

O número da besta - 666
O número refere-se aos algarismos romanos, do Sumo-Pontífice da igreja romana quem usa os títulos de "VICARIVS GENERALIS DEI IN TERRIS", "VICARIVS FILII DEI" e "DVX CLERI" que significam "Vigário-Geral de Deus na Terra", "Vigário do Filho de Deus" e "Príncipe do Clero". A soma dos algarismos da a equação de 666, em cada um deles.

Fim
O período da "besta" finaliza, com decreto da infalibilidade papal com Pio IX, em 1870, que assinalou a decadência e a ausência de autoridade do Vaticano, em face da evolução científica, filosófica e religiosa da Humanidade.

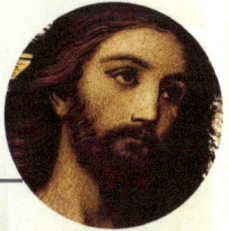

O Espiritismo
No final do período das trevas, a humanidade tem condições de receber o Evangelho de volta, na sua pureza original, o Cristo envia o "Consolador", para fazer lembrar seus ensinamentos em Espírito e Verdade.

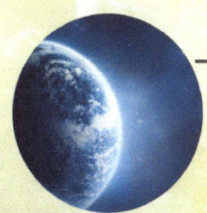

A Transição Planetária
Após esse período, a Terra vai iniciar um processo de depuração de Espíritos rebeldes, e o início da sua transição planetária para um mundo melhor.

1870 d.C

TRANSIÇÃO

Existiram mensageiros na época das trevas?

Sim. Durante essa época, o Cristo enviou diversos mensageiros, para o restabelecimento do Evangelho. Dentro deles destacam-se três:

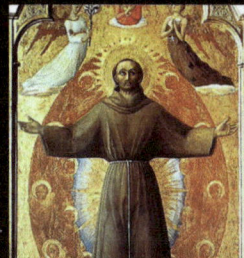

Francisco de Assis (1182-1226, Itália) com a tentativa do Evangelho da humildade.

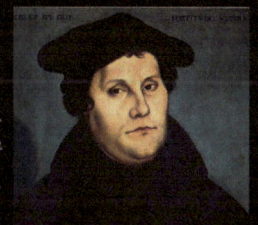

Martin Lutero (1483-1546, Alemanha) com a tentativa do Evangelho na sua origem.

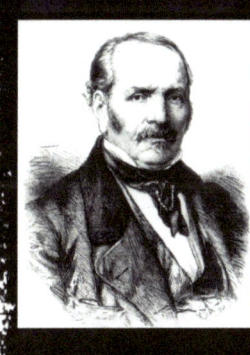

Allan Kardec (1804-1869, França) com o Evangelho redivivo, raciocinado e vivenciado.

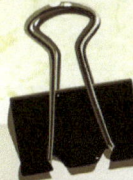

A Besta Apocalíptica

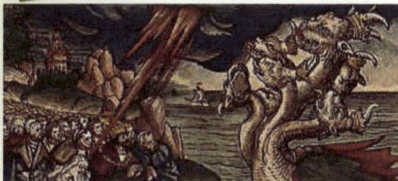

Responsável por guerras, o comercialismo e a deturpação da mensagem do Cristo, é identificada pelo Espírito Emmanuel, como a igreja transviada de Roma, simbolizada na besta vestida de púrpura e embriagada com o sangue dos santos.

O Consolador

A vinda do Cristo assinalou o maior acontecimento para o mundo. O Evangelho seria a eterna ligação entre a Terra e o Céu, mas a mensagem pura foi modificada. As trevas invadiram o coração dos homens, embora o Cristo tenha enviado diversos mensageiros, a civilização ocidental não conseguiu cristianizar. Mas, chegou o tempo do reajuste dos valores, e essa é a missão do Espiritismo, como Consolador prometido, reviver o Cristianismo, salvar as religiões do orgulho, do egoísmo, e apontar no homem o seu verdadeiro caminho: de espírito imortal.

Como o Cristo trouxe o Consolador?

No ano 1800, o Cristo convocou uma reunião no mundo espiritual, com os Espíritos Guias da humanidade, sobre a Europa, preparando a chegada do Espiritismo. Chamou a Napoleão, durante o sono (em desdobramento) e apresentou ao seu apóstolo, Jan Huss (Allan Kardec). A missão de Napoleão seria abrir o caminho para o trabalho de Allan Kardec, na restauração do Evangelho.

O Cristo, convocando a reunião dos Guias do Planeta para a vinda do Espiritismo.

Nome: Consolador Prometido por Jesus
Reconhecimento: O Espiritismo vem cumprir a promessa do Cristo.
Objetivo: Trazer o Evangelho redivivo.
Origem: No mundo espiritual com os Espíritos superiores, coordenados por Jesus. No mundo material, Allan Kardec.

Napoleão Bonaparte (1769 – 1814)
O imperador da França e maior estratega militar, foi chamado pelo Cristo para abrir os caminhos do trabalho de Allan Kardec, com o Evangelho redivivo. Em outra encarnação foi Júlio César, chamado para unir os povos da Europa, prévio a chegada do Cristo. Três séculos antes do Cristo, foi Alexandre, o Grande, chamado para disseminar a o pensamento grego (pre-cristão), no mundo conhecido.

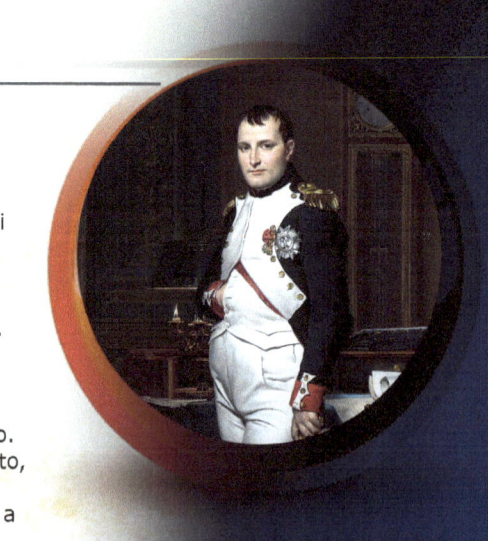

Jan Huss foi Allan Kardec?

Sim. Nessa encarnação, Jan Huss (1369 – 1415) foi um sacerdote checo e precursor da reforma protestante. Foi excomungado, condenado e queimado vivo.

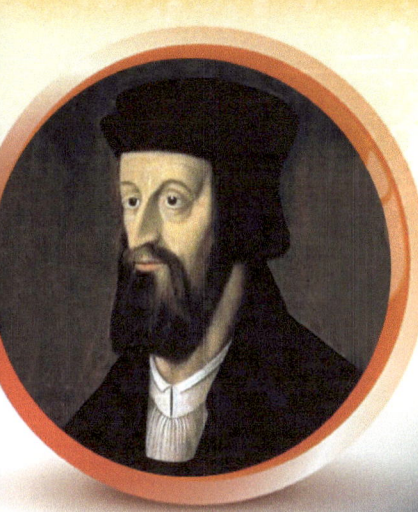

O Espiritismo é o Consolador prometido?

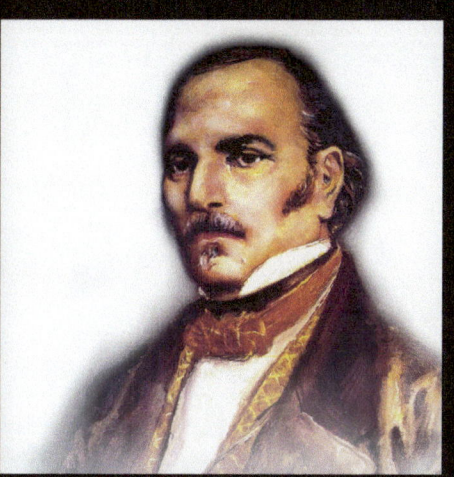

Sim. Todos os sofrimentos: misérias, perda de seres amados, encontram sua consolação na fé no futuro. O Espiritismo realiza o que Jesus disse do Consolador prometido: conhecimento das coisas, fazendo que o homem saiba de onde vem, para onde vai e por que está na Terra, consolação pela fé e pela esperança. O Espiritismo é a doutrina dos Espíritos superiores, coordenados pelo Cristo, e no plano físico, coube a Allan Kardec a tarefa de materializá-lo. Por isso, o Espírito Emmanuel afirma: "Jesus é a porta, Kardec é a chave".

Reunião de Espíritos Guias

Jan Huss (Allan Kardec)

Napoleão Bonaparte (fora do corpo)

França
1800

Cartas e Crônicas

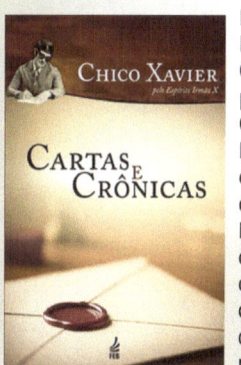

Livro do Espírito Humberto de Campos, psicografado por Chico Xavier. Nele, descreve-se a o encontro espiritual, dos Espíritos Jan Huss (Allan Kardec) com Napoleão desdobrado, (durante o sono) e narra os detalhes daquela reunião espiritual.

O Espírito da Verdade

Chegou o tempo do Cristo reunir uma equipe de Espíritos sábios de todo o planeta, nas diversas áreas do conhecimento, para compor a equipe da "verdade". Eles são os responsáveis pela restauração do Evangelho na Terra no seu verdadeiro sentido, para dissipar as trevas, confundir os orgulhosos e premiar aos justos.

O Espiritismo vem no tempo previsto cumprir a promessa do Cristo: preside ao seu advento o Espírito de Verdade.

No século XIX, a humanidade já estava em condições intelectuais de poder compreender o Evangelho, não só pela fé, mas pela razão.

Nome: Espírito de Verdade
Conceito: Jesus com a pleiade de Espíritos sábios.
Equipe Espiritual: Espíritos luminosos das diversas áreas do conhecimento, convocados pelo Cristo.
Missão: Restabelecer o Evangelho.
Data: Século XIX em diante.

Alguns dos Espíritos convocados pelo Cristo.

Ciência
Emanuel von Swedenborg
Galileu Galilei
Arago
Blaise Pascal
Benjamin Franklin
Samuel Hahnemann

Filósofia
Sócrates
Platão
Jean-Jacques Rousseau

Política
Emmanuel
Rei Luís IX (São Luis)

Religião
João Evangelista
Paulo de Tarso
Lázaro
Timóteo
Joana D'Arc
Um Espírito Amigo (Joanna de Ângelis)
Vicente de Paulo
Benedito de São Filadelfo
Erasto
Francisco Xavier
Félicité Robert de Lamennais
João Maria Vianney (Cura de Ars)
William Ellery Channing

Teólogia
Santo Agostinho
Afonso de Liguori
Fénelon
Jean Baptiste Massillon
Lacordaire

Literatura
Chateaubriand
Henri Heine
Delphine de Girardin

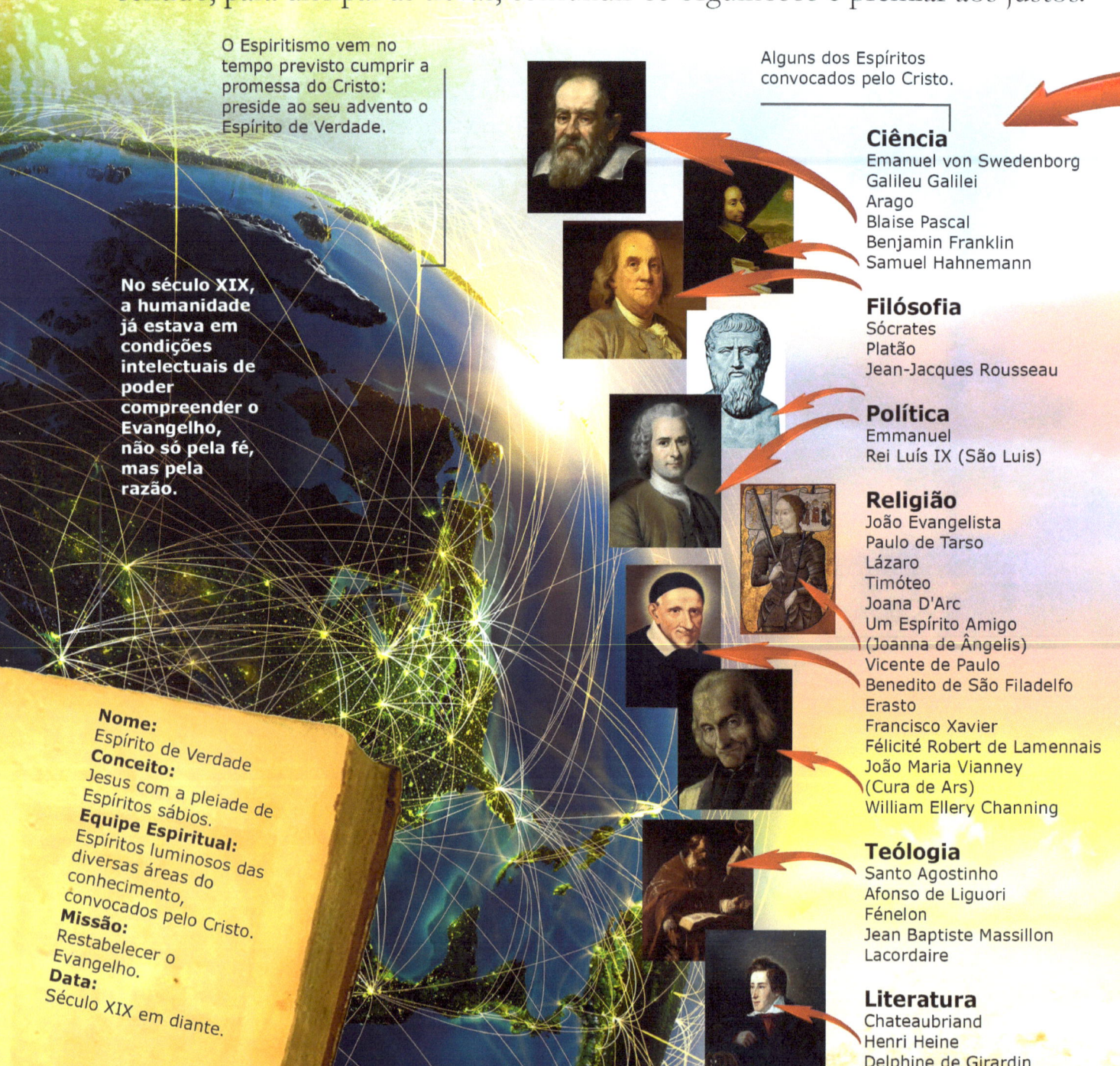

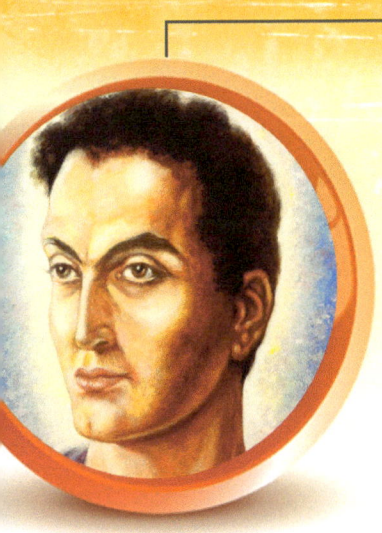

O "Emmanuel" do Evangelho é o Espírito guia de Chico Xavier?

Sim. Ele foi convidado a fazer parte dos Espíritos da Codificação. Ele foi o senador romano Públio Lentulus, teve a oportunidade de conhecer pessoalmente a Jesus.

Qual é a relação de Jesus com o Espiritismo?

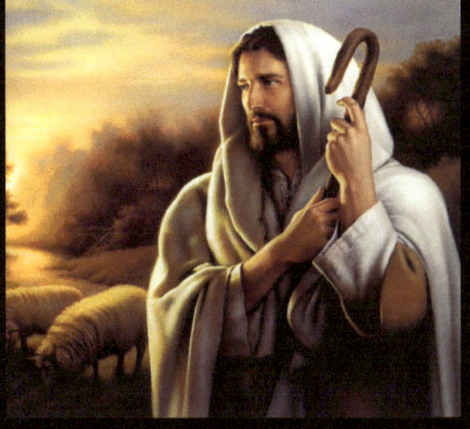

Ele é o seu autor. O Cristo disse: "Não vim destruir a lei, porém cumpri-la", também o Espiritismo diz: "Não venho destruir a lei cristã, mas dar-lhe execução." Nada ensina em contrário ao que ensinou o Cristo; mas, desenvolve, completa e explica, em termos claros e para toda gente, o que foi dito apenas sob forma alegórica. Os Espíritos superiores, vem cumprir, o que o Cristo anunciou. O Espiritismo é obra do Cristo, que preside, conforme igualmente o anunciou, à regeneração que se opera e prepara o "reino de Deus" na Terra.

"Espíritas! amai-vos, este o primeiro ensinamento; instruí-vos, este o segundo".

"Irmãos, nada perece. Jesus Cristo é o vencedor do mal, sede os vencedores da impiedade".

"Todas as verdades encontram-se no Cristianismo; os erros que nele se arraigaram são de origem humana".

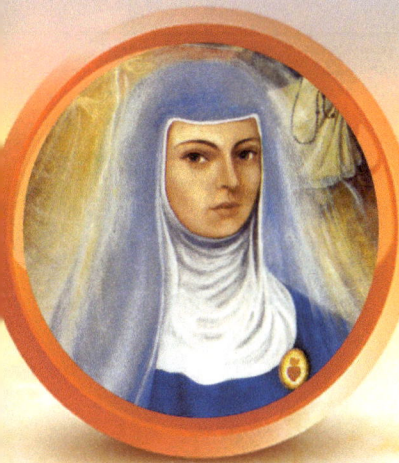

Quem é "um Espírito Amigo"?

Joanna de Ângelis é "um Espírito amigo" no livro: "O Evangelho Segundo o Espiritismo". Ela tem duas mensagens assinada (A paciência) e (Dar-se-á àquele que tem). Esse Espírito é o guia do médium Divaldo Franco.

A obra do Espírito de Verdade

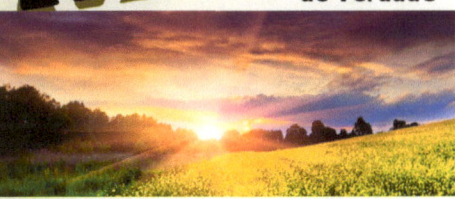

O Espírito de Verdade disse: "Felizes os que houverem trabalhado no campo do Senhor, com desinteresse e sem outro motivo, senão a caridade!"
E complementa: "Vinde a mim, vós que sois bons servidores, vós que soubestes impor silêncio aos vossos ciúmes e às vossas discórdias, a fim de que daí não viesse dano para a obra!"

Princípios do Evangelho

Nos ensinois dos Evangelhos encontramos todos os princípios espíritas em total consonância. Jesus mostra o caminho para conseguir o "reino dos céus", ser Espíritos Puros como Ele, isto é, como iluminar-nos.

Precedentes

A Terra vai entrar na sua maioridade espiritual. O Cristo envia seis séculos antes da sua vinda, diversos mensageiros.

O EVANGELHO

IMORTALIDADE DA ALMA

"Um novo mandamento vos dou: Que vos ameis uns aos outros; como eu vos amei."

"E não temais os que matam o corpo, não podem matar a alma".

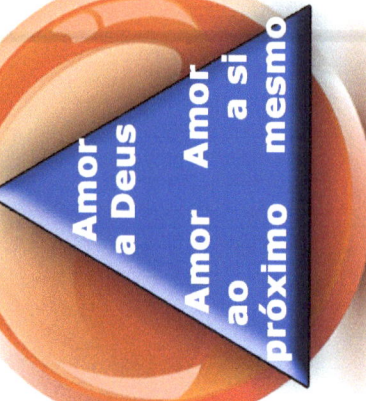

Amor a Deus — **Amor a si mesmo** — **Amor ao próximo**

Perispírito
"Transfigurou-se a aparência do seu rosto, e a sua roupa ficou branca e resplandecente".

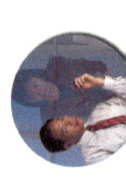

Espírito
"Vós sois deuses".

Influência Espiritual
"Não creiais a todo o espírito, mas provai se os espíritos são de Deus".

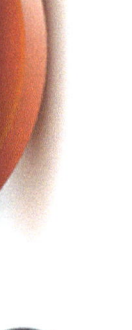

DEUS

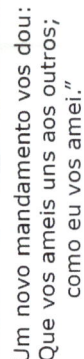

"Eu sou o caminho, e a verdade e a vida; ninguém vem ao Pai, senão por mim."

Leis Morais
"Não vim destruir a Lei ou os Profetas. Não vim destruir, mas cumprir".

Elementos do Universo
"O que é nascido da carne é carne, e o que é nascido do Espírito é espírito".

Ação dos Espíritos na Natureza
"Assim será na consumação dos séculos: virão os anjos, e separarão os maus de entre os justos".

MEDIUNIDADE
"Curai os enfermos, ressuscitai os mortos, expulsai os demônios; de graça recebestes, de graça dai."

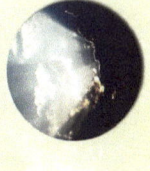

Livre-arbítrio
"A semeadura é livre, mas a colheita é obrigatória".

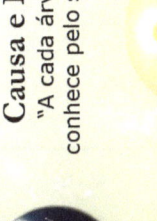

Evolução
"Sede perfeitos, assim como vosso Pai celeste é perfeito".

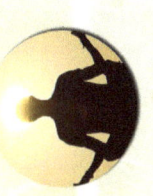

Progresso

REENCARNAÇÃO
"Ninguém poderá ver o reino de Deus se não nascer de novo".

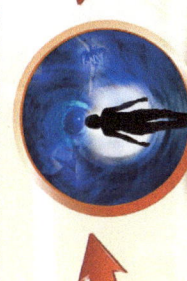

Base: O EVANGELHO DE JESUS
"Eu sou a luz que vim ao mundo, para que todo aquele que crê em mim não permaneça nas trevas".

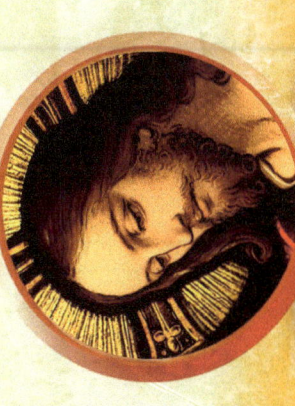

MUNDOS HABITADOS
"Na casa do meu pai há muitas moradas".

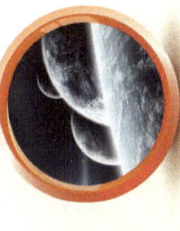

Mundo Espiritual
"Pregai, dizendo: É chegado o reino dos céus".

Causa e Efeito
"A cada árvore se conhece pelo seu fruto".

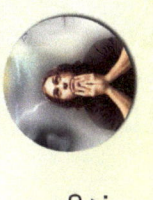

Justiça Divina

O Evangelho segundo o Espiritismo

Livro escrito por Allan Kardec, contendo as máximas do Cristo, com a revelação das leis espirituais, explicadas pelos Espíritos superiores. A obra tem um destaque exclusivo na parte moral do Evangelho, deixando de lado as partes controvertidas.

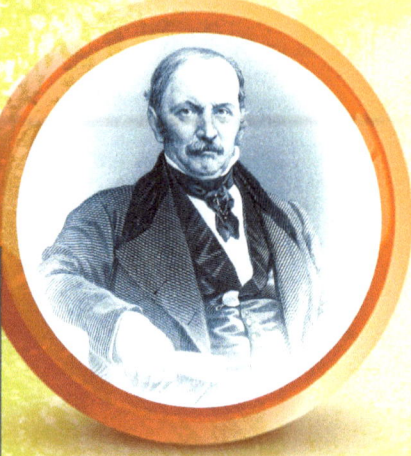

Allan Kardec afirma que o Espiritismo vai marcar uma Nova Era para a Humanidade. As consequências dessa revolução; devem produzir grandes modificações nas relações sociais, às quais ninguém terá força para se opor, porque estão nos desígnios de Deus.

Nome:
O Evangelho Segundo o Espiritismo
Conceito:
A Explicação das máximas morais do Cristo, sua concordância com o Espiritismo e sua aplicação às diversas posições da vida.
Data:
2 de abril de 1864.
Lugar:
Paris, França.

Capítulos do livro:

Ensinos para com Deus
- Capítulo 1 – Não vim destruir a lei
- Capítulo 2 – Meu reino não é deste mundo
- Capítulo 3 – Há muitas moradas na casa de meu pai
- Capítulo 4 – Ninguém pode ver o reino de deus se não nascer de novo
- Capítulo 5 – Bem-aventurados os aflitos
- Capítulo 6 – O Cristo consolador

para com o próximo
- Capítulo 7 – Bem-aventurados os pobres de espírito
- Capítulo 8 – Bem-aventurados os puros de coração
- Capítulo 9 – Bem-aventurados os mansos e pacíficos
- Capítulo 10 – Bem-aventurados os misericordiosos
- Capítulo 11 – Amar o próximo como a si mesmo
- Capítulo 12 – Amai os vossos inimigos
- Capítulo 13 – Que a mão esquerda não saiba o que faz a direita
- Capítulo 14 – Honra a teu pai e a tua mãe
- Capítulo 15 – Fora da caridade não há salvação
- Capítulo 16 – Servir a deus e a mamon

para com si mesmo
- Capítulo 17 – Sede perfeitos
- Capítulo 18 – Muitos os chamados e poucos os escolhidos
- Capítulo 19 – A fé que transporta montanhas
- Capítulo 20 – Trabalhadores da última hora
- Capítulo 21 – Falsos cristos e falsos profetas
- Capítulo 22 – Não separar o que deus juntou
- Capítulo 23 – Moral estranha
- Capítulo 24 – Não por a candeia debaixo do alqueire
- Capítulo 25 – Buscai e achareis
- Capítulo 26 – Dar de graça o que de graça receber
- Capítulo 27 – Pedi e obtereis
- Capítulo 28 – Coletânea de preces espíritas

"O Evangelho segundo o Espiritismo" é um presente de Deus para o homem. As instruções dos Espíritos que são verdadeiramente as vozes do céu, vêm esclarecer os homens e convidá-los à prática do bem.

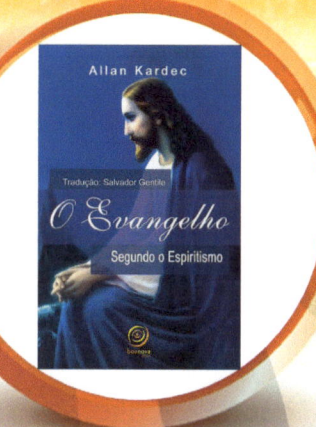

Qual é a vantagem do livro?

Explicar com facilidade o Evangelho, sem mistérios, nem alegorias, e principalmente falar à luz da razão. Em outras palavras oferecer ao homem uma fé raciocinada.

Partes do Evangelho
As matérias contidas nos Evangelhos podem ser divididas em 5 partes:

1. Atos comuns da vida do Cristo

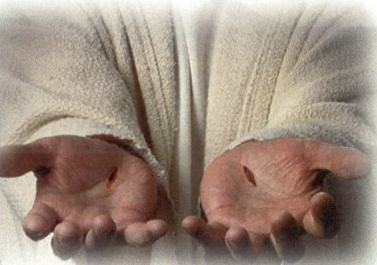

2. Os Milagres

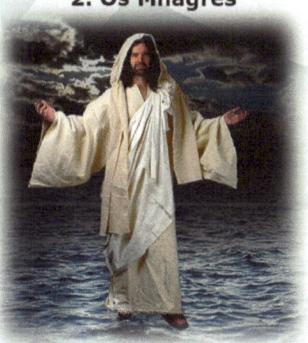

3. As predições

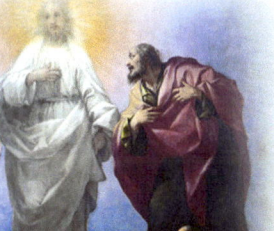

4. As palavras que serviram para o estabelecimento dos dogmas

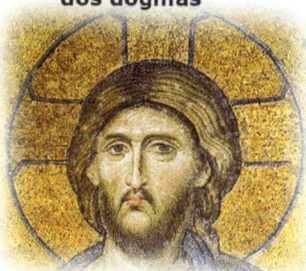

As quatro primeiras partes tem sido objeto de controvérsia.

5. O Ensino Moral

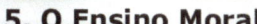

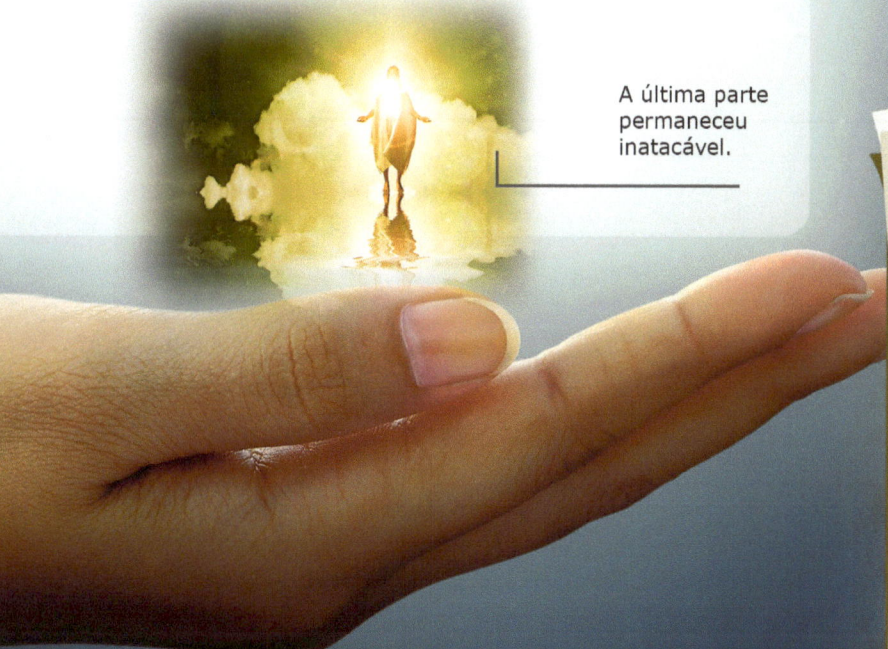

A última parte permaneceu inatacável.

O Evangelho serve para o homem moderno?

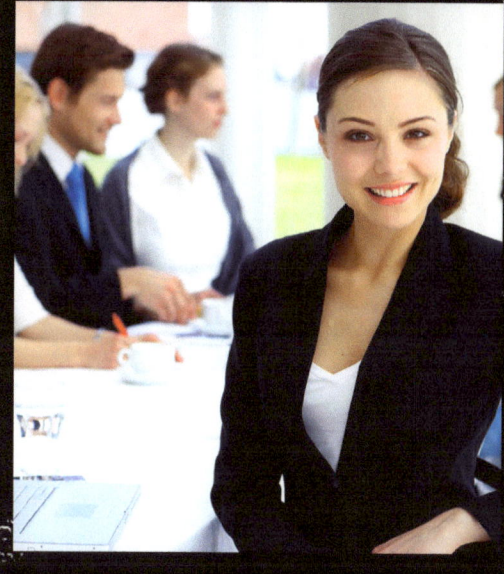

Sim. O Evangelho é o código de conduta para excelente vida em sociedade, porque se fundamenta na justiça. Diante do seu ensino moral, todo o mundo se curva, todos os povos podem reunir-se, quaisquer que sejam suas crenças.

O Evangelho, à luz do Espiritismo, une a fé e a razão. Assim os homens modernos podem entender os ensinos do Cristo, como o roteiro infalível para a sua felicidade, ao colocar como uma regra que os conduz na vida pública e privada.

Aliança da Ciência e da Religião

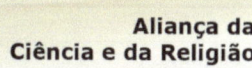
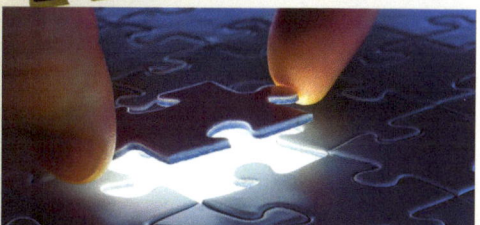

A Ciência e a Religião são as duas alavancas da inteligência humana, e tem o mesmo princípio: Deus, por isso, elas, não podem contradizer-se. O Espiritismo preenche o vazio que as separava, demonstrando com fatos, a realidade do Espírito imortal e as leis do mundo espiritual.

O Amor

Não existe maior força no universo que a do amor. O amor ensinado pelo Cristo supera os nossos conceitos, que são mistura de sentimentos de paixão, desejo e sensualidade. O Cristo propõe que o amor deve começar por si mesmo, para evoluir a um amor incondicional a todos os seres, mesmo quando esse sentimento não seja recíproco. Apresenta-se no Evangelho em duas modalidades: Caridade e Humildade, para despertar o homem, na sua transformação definitiva em Espírito puro.

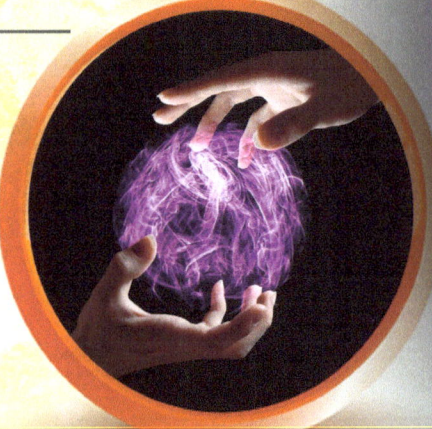

Espiritismo e Materialismo
O Espiritismo, entendido como o Evangelho redivivo, é o filho da caridade e da humildade. Por tal motivo, opõe-se ao Materialismo, que é filho do orgulho e o egoísmo.

Nome: Amor
Conceito: A maior força do universo.
Tipos:
Caridade: Amor externo em ação.
Humildade: Amor interno em ação.
Opostos:
Egoísmo e Orgulho: Amor mal entendido.

Para que serve o Amor?

Para a harmonia entre todos os seres do universo. No Evangelho encontramos: "o amor, cobre uma multidão de erros", quer disser que através da prática do bem, reajustamos com a lei divina, o mal praticado em outras instâncias.

Quadro do desenvolvimento do amor.

Injustiça / Ingratidão / Inconformismo
Justiça / Gratidão / Resignação

Preguiça / Comodismo / Ócio
Vontade / Abnegação / Trabalho

Ciúme / Inveja / Ambição
Renúncia / Desapego / Desprendimento

Frialdade / Desprezo / Indiferença
Sensibilidade / Respeito / Ânimo

Sinceridade / Verdade / Fidelidade

Hipocrisia / Falsidade / Traição
Paciência / Misericórdia / Perdão

Ansiedade / Severidade / Culpa

Egoísmo

O egoísmo e o orgulho são as duas chagas da humanidade. Eles são a origem de todos os males na humanidade.

- Maldade / Crueldade / Ódio
- Luxúria / Vício / Gula
- Bondade / Benevolência / Amizade
- Pureza / Virtude / Temperança
- Ignorância / Incompetência / Defeito
- Sabedoria / Expertise / Perfeição

Caridade
Amor externo em ação.

- Irresponsabilidade / Rigor / Negligência
- Dedicação / Tolerância / Prevenção
- Fraternidade / Solidariedade / Generosidade
- Antipatia / Individualismo / Avareza

Amor

- Alegria / Otimismo / Felicidade
- Tristeza / Pessimismo / Desgraça
- Piedade / Indulgência / Compaixão

Humildade
Amor interno em ação.

- Impiedade / Vingança / Mágoa
- Obediência / Doçura / Paz
- Coragem / Fé / Esperança
- Simplicidade / Modéstia / Despretensão
- Rebeldia / Ira / Violência
- Temor / Dúvida / Tédio
- Soberba / Vaidade / Arrogância

Orgulho

O egoísmo e o orgulho são o atraso ao progresso coletivo. Por esse motivo devem ser extirpados do coração dos homens.

Existem tipos de amor?

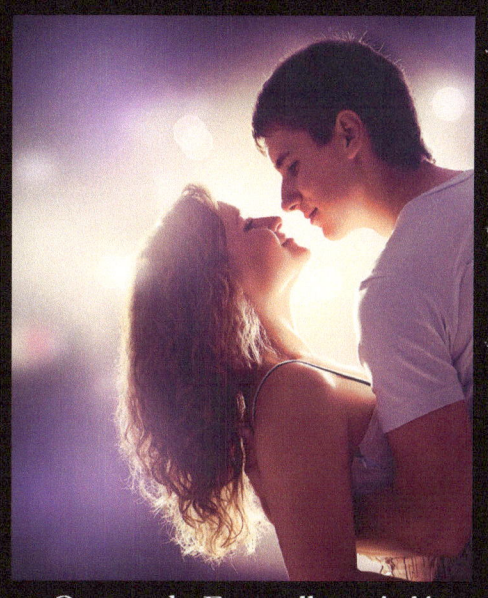

O amor do Evangelho vai além dos sentimentos afetivos humanos. Ele inicia-se com o amor egoísta (apenas a si), logo com o amor filial (pai e mãe), segue com o amor fraternal (irmãos), continua o amor paternal (aos filhos), se expressa com o amor recíproco (aos amigos), avança com o amor fiel (ao parceiro), cresce com o amor solidário (ao próximo), atinge o amor misericordioso (aos seres indefesos), consegue o amor incondicional (aos inimigos), até chegar ao amor universal (a todos os seres e leis do universo).

Amor filial

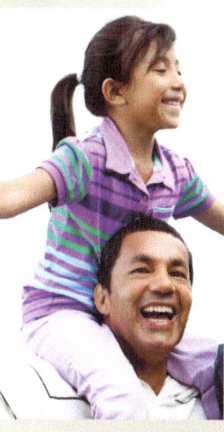

"Honrai a vosso pai e a vossa mãe" é uma consequência da caridade e de amor ao próximo: o da piedade filial. Honrar consiste também em assisti-los na necessidade; é cerca-los de cuidados como eles fizeram conosco, na infância.

Caridade e Humildade

Toda a moral de Jesus se resume na caridade e na humildade, isto é, nas duas virtudes contrárias ao egoísmo e ao orgulho (chagas da humanidade). Jesus aponta essas duas virtudes como sendo as que conduzem à eterna felicidade. Orgulho e egoísmo, eis o que não se cansa de combater. Jesus não se limita a recomendar a caridade: põe-na claramente como a condição absoluta da felicidade futura.

Caridade

Conceito do Cristo
Amor em ação, fazer o bem a todos, perdoar ofensas e falhas.

Conceito das Trevas
Dar esmola, fomentar a miséria, incentivar a preguiça.

Qual é a importância da caridade?

Todos os deveres do homem se resumem nesta máxima: "Fora da caridade não há salvação".
A máxima se apoia num princípio universal e abre a todos os filhos de Deus acesso à suprema felicidade, o dogma – Fora da Igreja não há salvação – se baseia numa fé especial, em dogmas particulares.

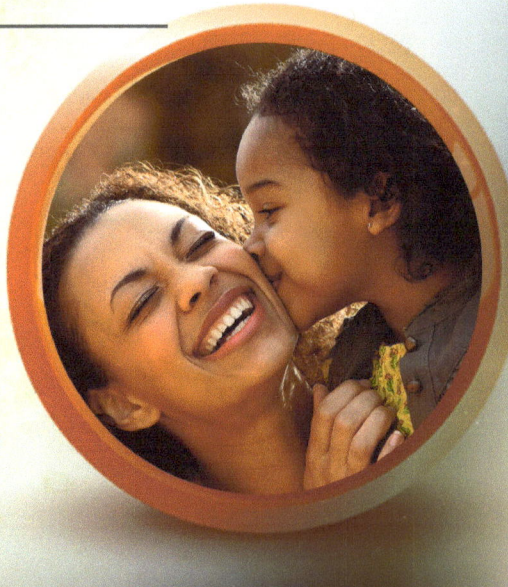

Egoísmo

Conceito do Cristo
A chaga da humanidade, o gerador dos males, guerras, ambições e crimes.

Conceito das Trevas
Forma de ser previdente, o merecimento justo do esforço, o amor ao progresso.

Nome: Escala Espírita
Conceito: Diferentes categorias dos Espíritos conforme o grau de perfeição alcançado.
Tipos:
1. Espíritos puros;
2. Espíritos bons;
3. Espíritos imperfeitos;

Observação:
Não existem anjos nem demônios, existem espíritos que praticam o bem e os que ainda estão ainda sem conhecimento da luz.

Propostas para renovação do homem.

O Cristo	Da de graça o que de graça recebeste.	Ama a teu próximo.	Perdoa as ofensas.
As trevas	Cobra por tudo.	Não ames a ninguém.	Faça tua "justiça".

Por muito tempo, as trevas vem tentado mudar os conceitos do Evangelho do Cristo, na mente dos homens. Isso tem gerado, uma troca de valores, colocando o orgulho e egoísmo como virtudes, e ridicularizando a caridade e humildade.

O Cristo

Humildade

Conceito do Cristo
Enxergar em todos os seres nossos irmãos, reconhecer as nossas imperfeiçoes, observar a lei de deus atuante em tudo.

Conceito das Trevas
Ser uma pessoa simples e ignorante, permanecer na pobreza, falta de amor próprio.

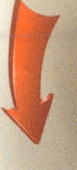
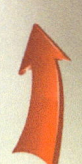

Orgulho

Conceito do Cristo
Trava para o progresso, o gerador de ódios, vinganças e sofrimentos, flagelo da humanidade.

Conceito das Trevas
Ser autoconfiante, superior aos demais por merecimento, amor próprio: perdoar é para os fracos.

As trevas

Não resistas o mal.	Dá teus bens e segue-me.	Esconde o bem feito.	SER
Vinga-te.	Ambiciona mais coisas.	Mostra o que fazes de bom.	TER

Qual é a importância dos bens materiais?

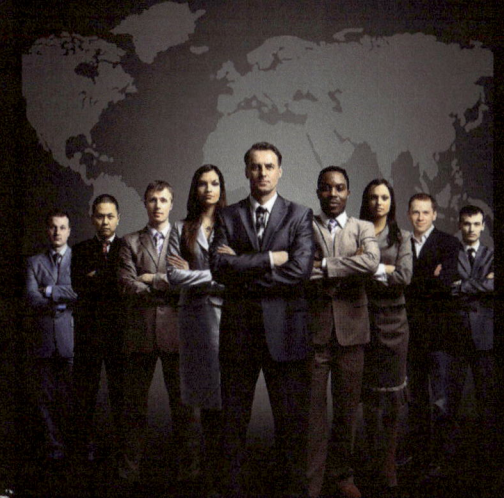

Jesus nos disse: "Não podeis servir simultaneamente a Deus e a Mamon".
Com essa frase, Jesus pretendeu estabelecer que o apego aos bens terrenos é um obstáculo à salvação.
Se a riqueza só produzisse males, Deus não a teria posto na Terra. Compete ao homem fazê-la produzir o bem. Se não é um elemento direto de progresso moral, é, sem dúvida, o poderoso elemento de progresso intelectual.

Os bens

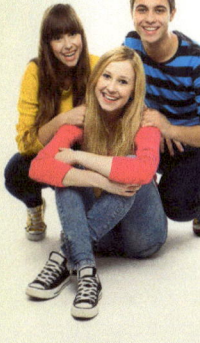

Os Espíritos afirmam que o homem só possui em plena propriedade aquilo que lhe é dado levar deste mundo. Assim, o emprego que agrada a Deus é a caridade plena de amor, que procura o infeliz e o ergue, sem humilhá-lo.
"Aquele que dá aos pobres, salda a dívida que contraiu com Deus".

Ensinamentos

O Evangelho é a mais bela página escrita na Humanidade. Os Espíritos do Senhor, que são as virtudes dos céus, qual imenso exército que se movimenta ao receber as ordens do seu comando, vêm iluminar os caminhos e abrir os olhos aos cegos, esclarecendo diversas passagens do Evangelho, à luz do Espiritismo.

Os textos foram selecionados do livro escrito por Allan Kardec: "O Evangelho segundo o Espiritismo".

Bem-aventurados os aflitos

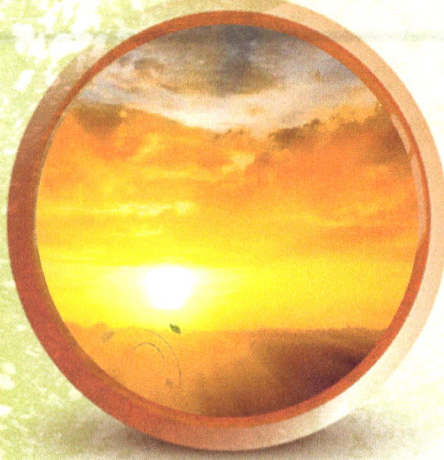

As compensações que Jesus promete aos aflitos só podem efetivar-se na vida futura. Sem a certeza do futuro, estas máximas seriam um contra-senso; mais ainda: um engano. As vicissitudes têm uma causa justa, visto que Deus é justo. Assim, as vicissitudes da vida são de duas espécies: umas têm sua causa na vida atual e as outras em vidas passadas.

Bem-aventurados os pobres de espírito

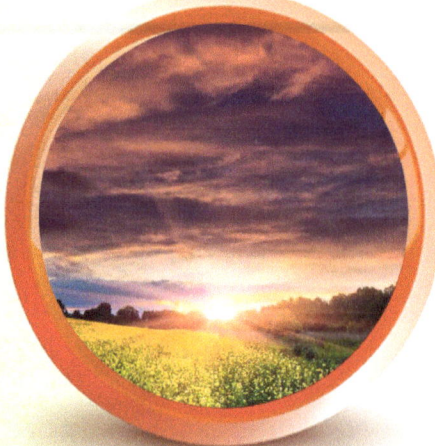

Jesus não se refere aos homens obtusos, mas aos humildes, aos simples, e diz que o reino dos céus é para estes e não para os orgulhosos. Jesus põe a humildade na categoria das virtudes que aproximam de Deus e o orgulho entre os vícios nos afastam. A recomendação é ser generoso e caridoso, sem ostentação, isto é, fazer o bem com humildade.

Bem-aventurados os que têm puro o coração

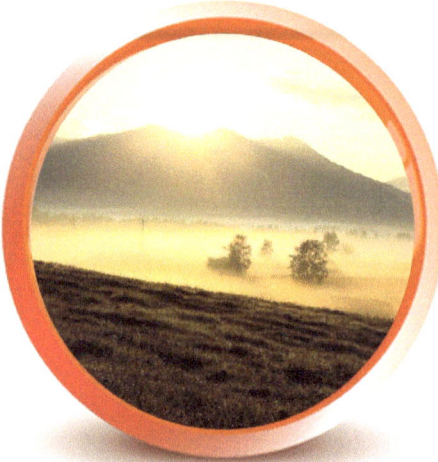

A pureza de coração é inseparável da simplicidade e da humildade. Exclui toda idéia de egoísmo e de orgulho.
É por isso que Jesus toma a infância como emblema dessa pureza, do mesmo modo que a tomou como o da humildade. A verdadeira pureza não está somente nos atos; está no pensamento, porque aquele que tem puro o coração, nem sequer pensa no mal.

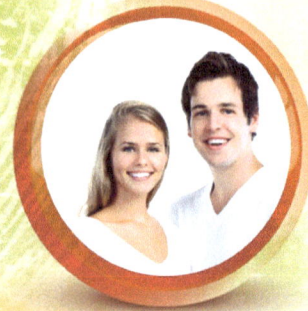

Os Espíritos só conseguem à completa felicidade quando se tenham tornado puros: qualquer mácula lhes interdita a entrada nos mundos felizes.

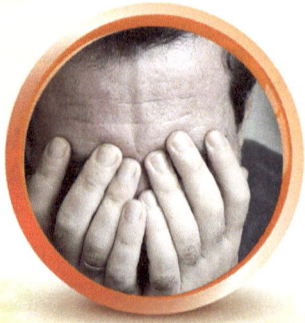

Quando o orgulho chega ao extremo, tem-se um indício da queda próxima.

Se tendes amor, possuís tudo o que se pode desejar na Terra.

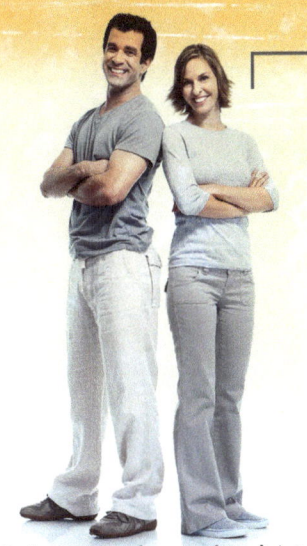

O divórcio não é contrário à lei de Deus, pois apenas reforma o que os homens fizeram.

Não separeis o que Deus uniu

O divórcio é lei humana que tem por fim separar legalmente o que já está, de fato, separado. Quis Deus que os seres se unissem não só pelos laços da carne, mas também pelos da alma, a fim de que a afeição mútua dos esposos se transmitisse aos filhos, e que fossem dois, e não somente um, a amá-los, a cuidálos e a fazê-los progredir. Quando Jesus falou: "Não separeis o que Deus uniu", deve ser entendido com referência à união segundo a lei imutável de Deus e não segundo a lei mutável dos homens.

Haverá falsos Cristos e falsos profetas?

Sim. Sempre houve homens que exploraram conhecimentos, a fim de alcançarem o prestígio de um suposto poder sobre-humano, ou uma pretensa missão divina. São esses os falsos cristos e os falsos profetas.

Bem-aventurados os que são mansos e pacíficos

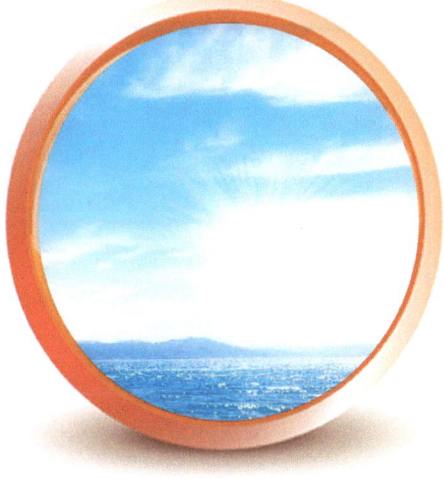

Jesus faz da brandura, da moderação, da mansuetude, da afabilidade e da doçura, uma lei. Condena, por conseguinte, a violência, a cólera e até toda expressão descortês para com os semelhantes. Enquanto aguarda os bens do céu, o homem tem necessidade dos da Terra para viver. Jesus apenas lhe recomenda que não ligue a estes últimos mais importância do que aos primeiros.

Bem-aventurados os que são misericordiosos

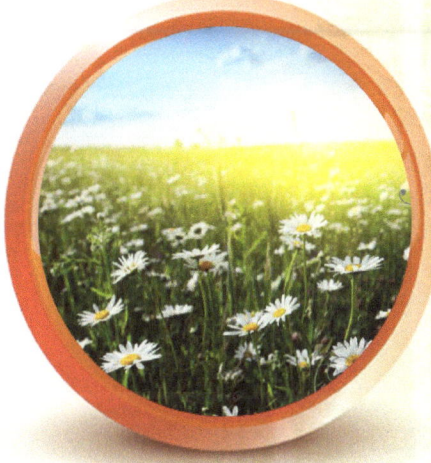

A misericórdia é o complemento da brandura, porque aquele que não for misericordioso não poderá ser brando, nem pacífico. Ela consiste no esquecimento e no perdão das ofensas. O ódio e o rancor denotam alma sem elevação e sem grandeza. O esquecimento das ofensas é próprio da alma elevada, que paira acima dos golpes que lhe possam desferir.

A fé transporta montanhas

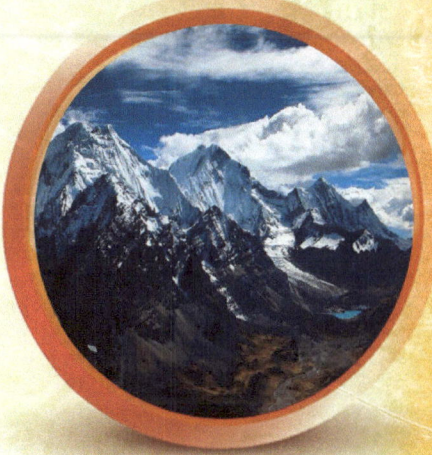

Entende-se como fé, a confiança que se tem na realização de uma coisa e a certeza de atingir o fim. As montanhas são as dificuldades, as resistências, a má vontade. O interesse material, o egoísmo, o fanatismo e as paixões são as montanhas que barram o caminho do progresso. A fé robusta dá a perseverança e os recursos que fazem vencer os obstáculos.

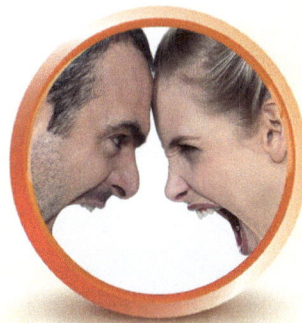

A caridade mais penosa e mais meritória é a de perdoarmos àqueles que Deus colocou no nosso caminho.

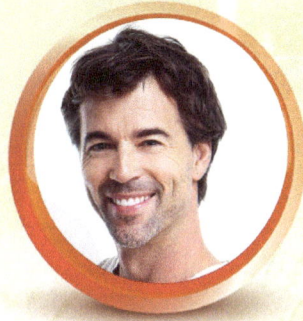

O verdadeiro perdão é reconhecido muito mais pelos atos do que pelas palavras.

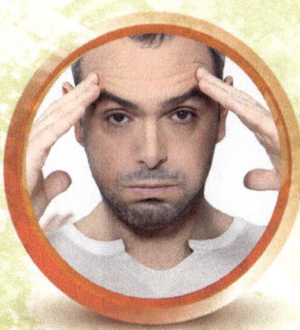

Fé inabalável é somente a que pode encarar a razão face a face, em todas as épocas da Humanidade.

O Homem de Bem

Jesus ensina a busca do homem pela sua perfeição. A máxima: "Sede perfeitos como é Deus", deve ser entendidas no sentido da perfeição relativa, a de que a Humanidade possa chegar, já que Deus possui a perfeição absoluta. A essência da perfeição é a caridade, porque implica a prática de todas as outras Virtudes. Para melhor entender a perfeição, foi elaborado o roteiro do homem de bem, que serve como um guia, das qualidades que devemos seguir.

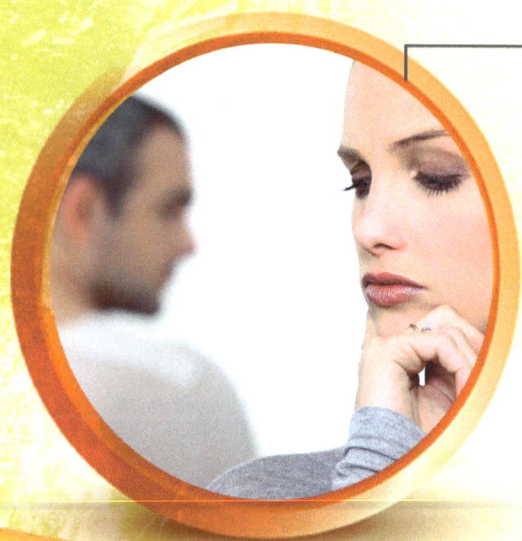

Como deve ser o espírita?

Reconhece-se o verdadeiro espírita pela sua transformação moral e pelos esforços que emprega para domar suas inclinações más.

Nome: Homem de bem
Conceito: Relação de algumas qualidades para tornar-se num homem de bem.
Virtudes: Baseado na caridade e na humildade.
Observação: O cumprimento dessas qualidades, torna ao verdadeiro espírita, no o verdadeiro cristão.

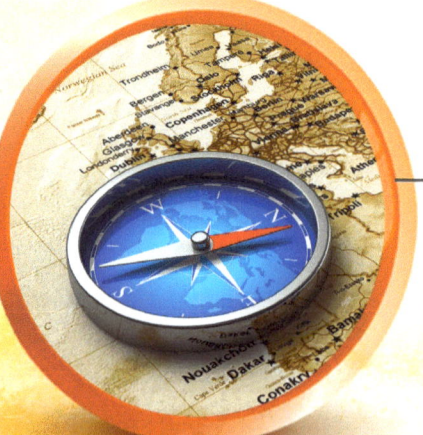

Qualidades do homem de bem

Esta não é a relação completa, mas quem quer que se esforce para possuí-las, estará no caminho que conduz às demais.

1. Justiça
Cumpre a lei de justiça, de amor e de caridade, na sua maior pureza.

2. Consciência
Se interroga a sua consciência sobre os próprios atos.

3. Obediência
Pergunta se não violou a lei de deus, se não cometeu o mal, se fez todo o bem que podia.

4. Serviço
Se não deixou escapar uma ocasião de ser útil.

5. Dedicação
Se ninguém tem do que se queixar dele.

6. Amorosidade
Se fez aos outros aquilo que queria que os outros fizessem por ele.

7. Fé
Tem fé em Deus, em sua bondade, na sua justiça e em sua sabedoria.

8. Esperança
Tem fé no futuro. Coloca os bens espirituais acima dos temporais.

9. Sabedoria
Sabe que todas as vicissitudes da vida são provas ou expiações.

10. Generosidade
Faz o bem pelo bem, sem esperar paga alguma.

Bem compreendido, mas sobretudo bem sentido, o Espiritismo conduz forçosamente aos resultados do homem de bem, que caracterizam o verdadeiro espírita como o verdadeiro cristão, pois que ambos são a mesma coisa.

Os ensinos do Evangelho, à luz do Espiritismo, servem como uma bússola para nortear nossas vidas.

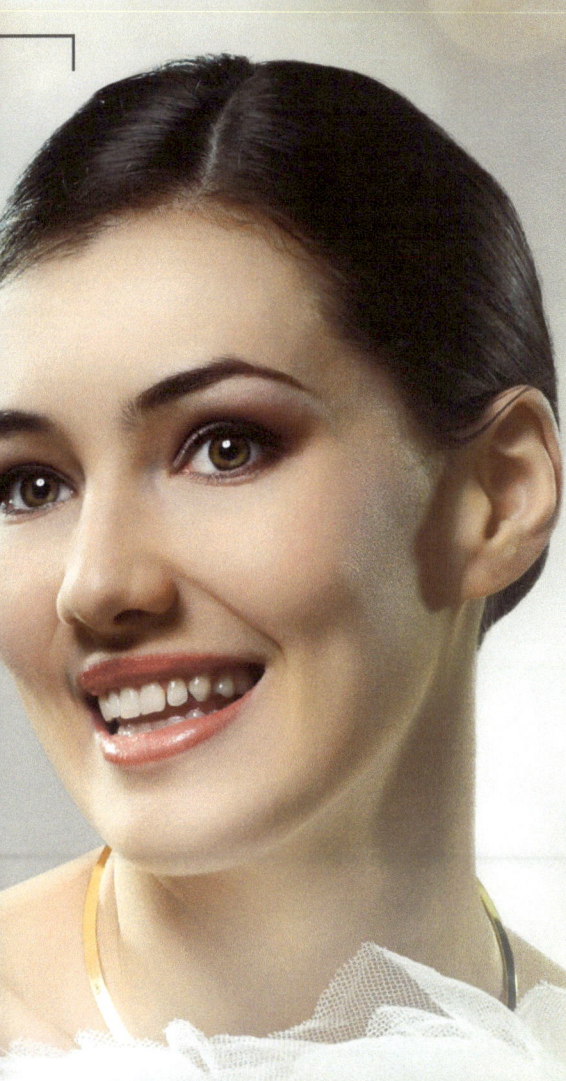

11. Felicidade
Encontra satisfação nos benefícios que espalha.

12. Bondade
É bom, humano e benevolente para com todos.

13. Respeito
Respeita nos outros todas as convicções sinceras.

14. Caridade
A caridade é o seu guia.

15. Misericórdia
Não tem ódio, nem rancor, nem desejo de vingança.

16. Indulgência
É indulgente para as fraquezas alheias.

17. Benevolência
Não se compraz em rebuscar os defeitos alheios.

18. Perfeição
Estuda suas próprias imperfeições.

19. Humildade
Não procura dar valor à custa de outrem.

20. Modéstia
Não se envaidece da sua riqueza.

21. Virtude
Usa, mas não abusa, dos bens que lhe são concedidos.

22. Amabilidade
Trata aos homens com bondade e benevolência.

23. Responsabilidade
Cumpre os deveres conscienciosamente.

24. Compreensão
Respeita todos os direitos que as leis da Natureza dão aos seus semelhantes.

Como devemos fazer o bem?

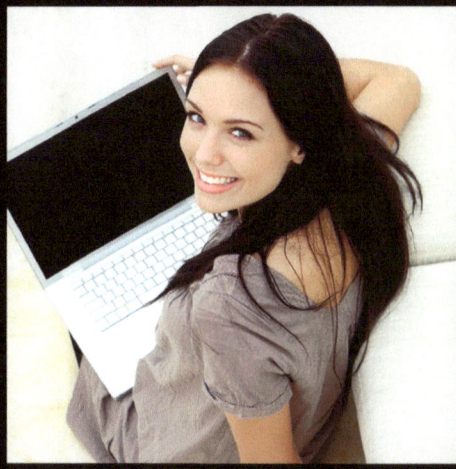

A beneficência nos oferece os mais puros e suaves prazeres, as alegrias do coração. Mas há maior mérito em fazer o bem sem ostentação e ocultar a mão que dá é ainda mais meritório. Isso mostra sinal de grande superioridade moral, porque, para encarar as coisas do mundo material, é preciso identificar-se com mundo espiritual.
Em outras palavras é necessário renunciar à satisfação que resulta do testemunho dos homens e esperar a aprovação de Deus.
Por isso Jesus recomendou: "Quando derdes esmola, não saiba a vossa mão esquerda o que faz a vossa mão direita".

O verdadeiro espírita

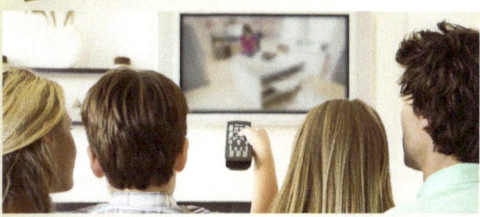

Deve ter uma vida pautada na caridade moral, como a do Cristo, que consiste em suportar uns aos outros e é o que menos fazemos. Só assim, quando as pessoas os observem, possam dizer que o verdadeiro espírita é o verdadeiro cristão, e ambos são uma só e a mesma coisa.

Imortalidade da alma

O Cristo ensina em todo o Evangelho, assim, todas as suas máximas se dirigem ao princípio: a imortalidade da alma. Quando Jesus disse: "Meu reino não é deste mundo" se refere a outro reino, além do físico. O seu reino está no mundo espiritual, nas esferas superiores. Esse deve ser o objetivo da nossa vida, conseguir um bom lugar nesse mundo, que é o destino de toda a humanidade depois desta vida.

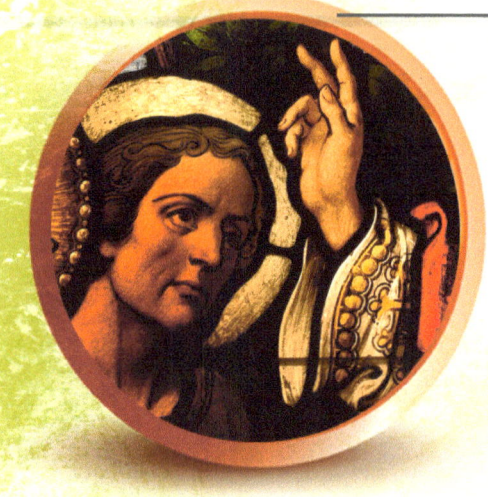

Como Jesus falou da imortalidade da alma?

O Evangelho fala da vida no mundo espiritual como "os céus" e aos bons espíritos de "anjos". Jesus fala de preparar um lugar depois que ele morrer, e das recompensas no outro mundo, a quem for bom. Mas o fato mais marcante é que Ele mesmo, após a morte do seu corpo, demonstrou a imortalidade, materializando-se aos seus discípulos por quarenta dias, ao que chama-se de "ressurreição".

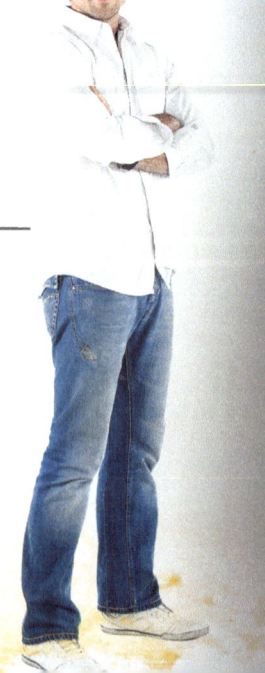

Nome: Imortalidade da alma
Conceito: Somos Espíritos e vivemos depois da morte do corpo.
Probas: Pela mediunidade (vidência, materialização, audiência, etc).
Mediunidade: Os Espíritos se comunicam com os homens através dos médiuns.

Com o Espiritismo, a imortalidade da alma e a vida depois da morte do corpo, torna-se uma realidade material demonstrada pela mediunidade. Só a ideia clara e precisa que se faça da continuidade da vida, proporciona ao homem, uma fé inabalável sobre o seu futuro depois da morte.

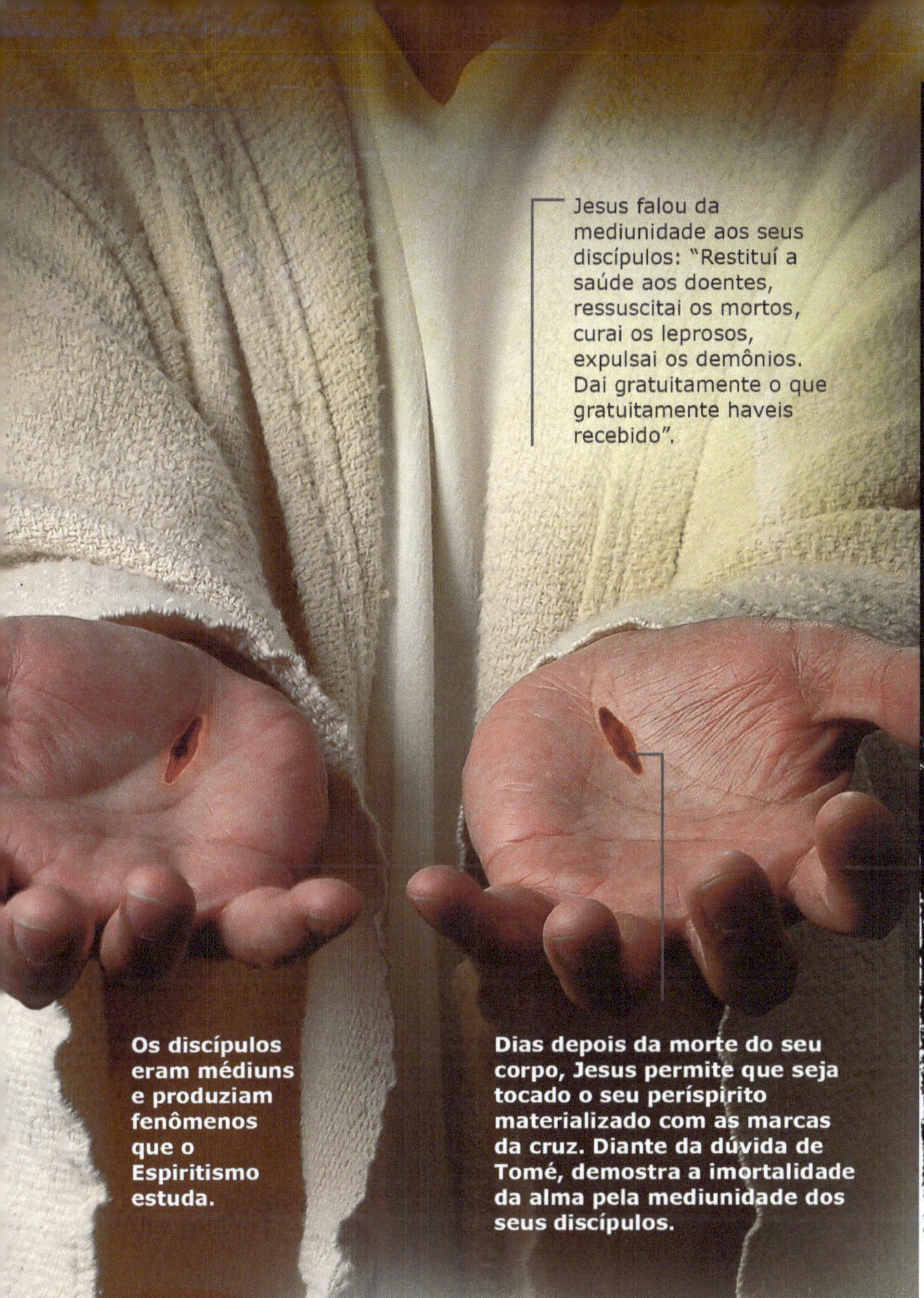

Jesus falou da mediunidade aos seus discípulos: "Restituí a saúde aos doentes, ressuscitai os mortos, curai os leprosos, expulsai os demônios. Dai gratuitamente o que gratuitamente haveis recebido".

O que quer dizer "dai de graça"?

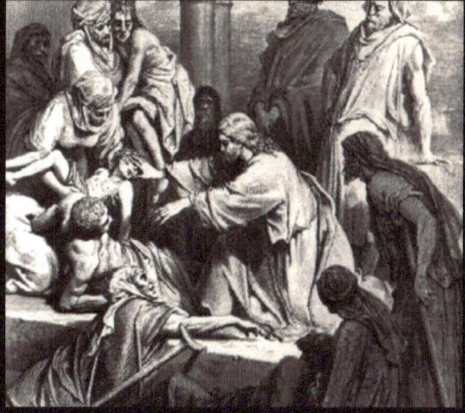

Jesus prescreve que ninguém deve cobrar por aquilo que nada pagou. Os discípulos haviam recebido gratuitamente a faculdade de curar os doentes e de expulsar os Espíritos maus. A mediunidade lhes havia sido dado gratuitamente por Deus, para alívio dos que sofrem e para ajudar na propagação da fé. Jesus recomendava-lhes que não fizessem dele objeto de comércio, nem de especulação, nem meio de vida. Os médiuns receberam de Deus um dom gratuito: o de serem intérpretes dos Espíritos, para instrução dos homens, mostrar o caminho do bem e conduzi-los à fé.

Os discípulos eram médiuns e produziam fenômenos que o Espiritismo estuda.

Dias depois da morte do seu corpo, Jesus permite que seja tocado o seu períspirito materializado com as marcas da cruz. Diante da dúvida de Tomé, demostra a imortalidade da alma pela mediunidade dos seus discípulos.

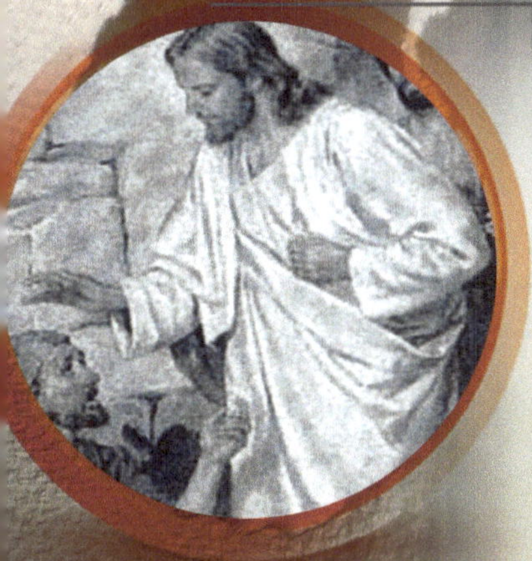

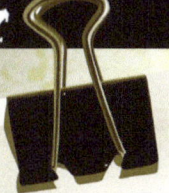

Jesus falou da mediunidade?

Sim. Jesus pede a prática da mediunidade, assim como hoje os espíritas fazem: "Restituí a saúde aos doentes" é o passe espírita, "ressuscitai os mortos" são as reuniões mediúnicas, "curai os leprosos" são as curas espirituais, "expulsai os demônios" são as reuniões de desobssessão, e "Dai gratuitamente o que gratuitamente haveis recebido" é a mediunidade cristã, sem fins lucrativos.

Jesus e o Espírito de Moisés

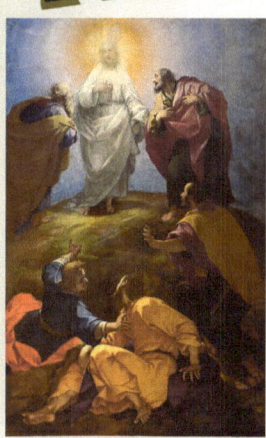

Durante a "transfiguração", Jesus conversa com o Espírito de Moisés e Elias. Moisés, há mais de mil anos, tinha proibido a mediunidade, mas agora como Espírito comunica-se com o Cristo, dando entender que tempo dessa proibição tinha finalizado.

Deus

Os Espíritos afirmam que Deus é a inteligência suprema, causa primeira de todas as coisas. A essa inteligência que Jesus chama de "Pai", se refere dizendo: "Há muitas moradas na casa de meu Pai". A casa do Pai é o Universo. As diferentes moradas são os mundos que circulam no espaço infinito e oferecem, aos Espíritos que neles encarnam, moradas apropriadas a sua evolução. Essas palavras também podem ser entendidas como as esferas espirituais, se referindo ao estado feliz ou infeliz dos Espíritos no além.

Jesus disse no Evangelho: "Há muitas moradas na casa de meu Pai. Se assim não fosse, eu já vo-lo teria dito, pois me vou para vos preparar o lugar. – Depois que me tenha ido e que vos houver preparado o lugar, voltarei e vos levarei comigo, a fim de que, onde eu estiver, também aí estejais".

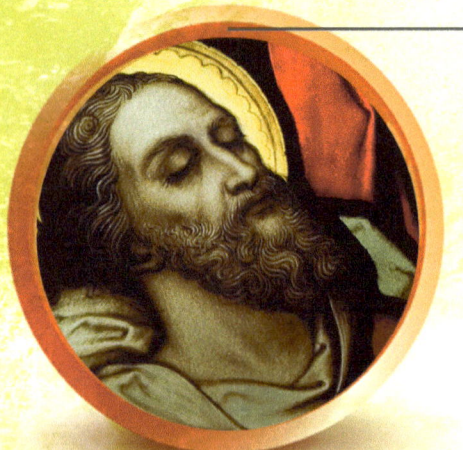

Existem milagres e santos?

O que vemos como "milagre" são apenas, leis que desconhecemos. Nada destrói as leis de Deus. Tudo se encontra dentro delas, perfeitas e por tanto imutáveis. Os chamados "santos", são Espíritos como nós, em caminho a sua purificação. Quando a consigam, serão Espíritos puros e não precisaram reencarnar mais.

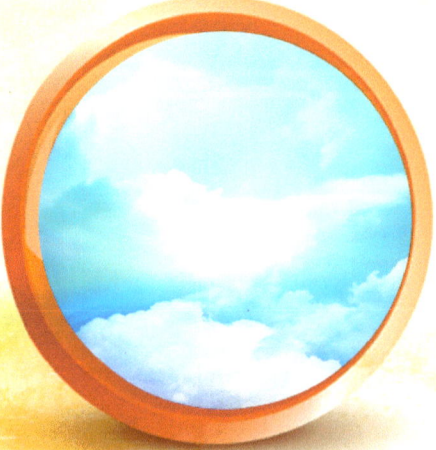

Nome:
Deus.
Conceito:
Inteligência suprema, ou "Pai".
Mundos:
5 categorias conforme a sua evolução:
1. Mundos Primitivos
2. Mundos de Expiação e de Provas
3. Mundos de Regeneração
4. Mundos Felizes
5. Mundos Celestes ou Divinos

Qual é o objetivo da religião?

O objetivo da religião é conduzir o homem a Deus. Ora, este não chega a Deus senão quando se torna perfeito. Logo, toda religião que não torna melhor o homem, não alcança o seu objetivo.

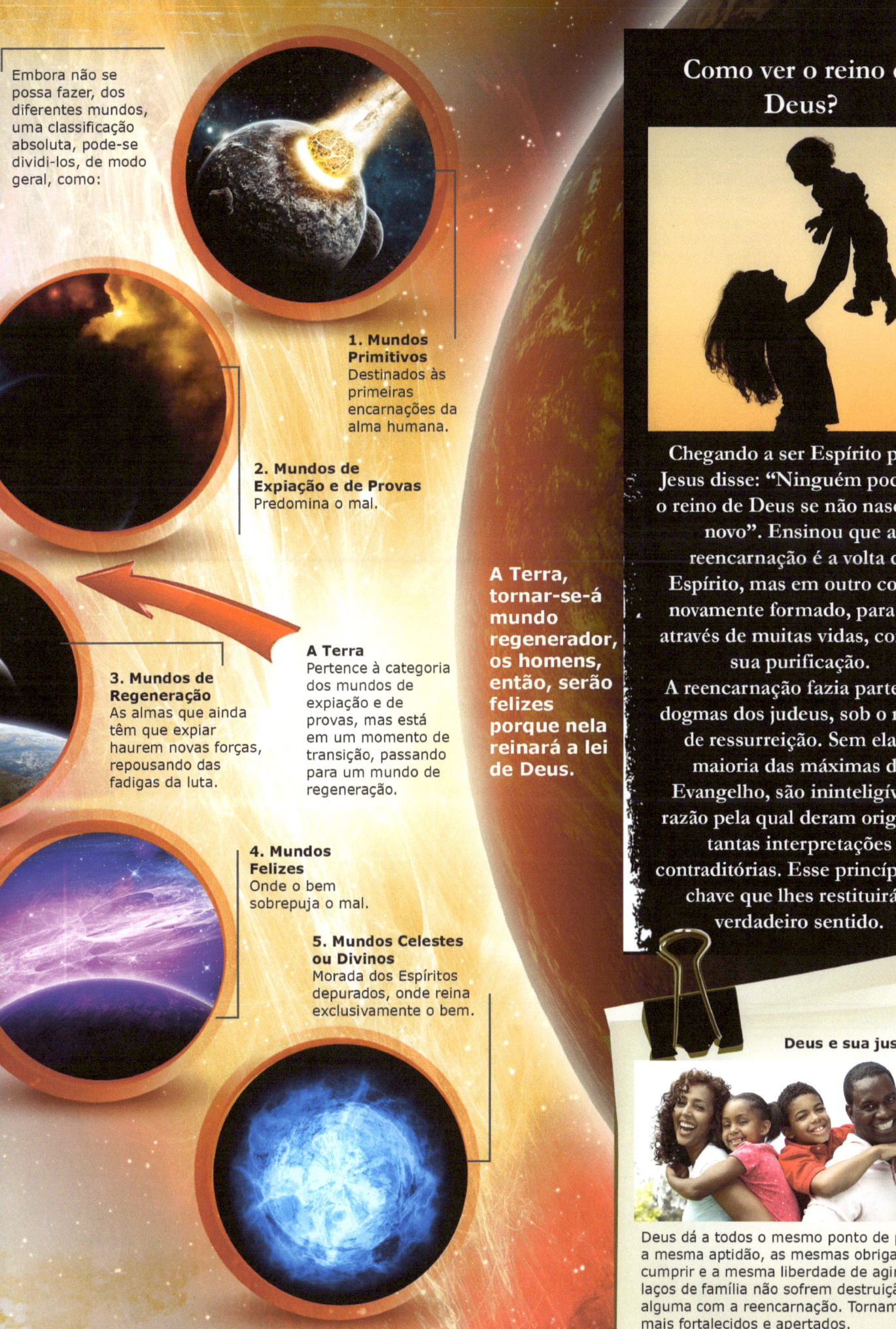

Embora não se possa fazer, dos diferentes mundos, uma classificação absoluta, pode-se dividi-los, de modo geral, como:

1. Mundos Primitivos
Destinados às primeiras encarnações da alma humana.

2. Mundos de Expiação e de Provas
Predomina o mal.

3. Mundos de Regeneração
As almas que ainda têm que expiar haurem novas forças, repousando das fadigas da luta.

A Terra
Pertence à categoria dos mundos de expiação e de provas, mas está em um momento de transição, passando para um mundo de regeneração.

4. Mundos Felizes
Onde o bem sobrepuja o mal.

5. Mundos Celestes ou Divinos
Morada dos Espíritos depurados, onde reina exclusivamente o bem.

A Terra, tornar-se-á mundo regenerador, os homens, então, serão felizes porque nela reinará a lei de Deus.

Como ver o reino de Deus?

Chegando a ser Espírito puro. Jesus disse: "Ninguém pode ver o reino de Deus se não nascer de novo". Ensinou que a reencarnação é a volta do Espírito, mas em outro corpo, novamente formado, para que através de muitas vidas, consiga sua purificação.
A reencarnação fazia parte dos dogmas dos judeus, sob o nome de ressurreição. Sem ela, a maioria das máximas do Evangelho, são ininteligíveis, razão pela qual deram origem a tantas interpretações contraditórias. Esse princípio é a chave que lhes restituirá o verdadeiro sentido.

Deus e sua justiça

Deus dá a todos o mesmo ponto de partida, a mesma aptidão, as mesmas obrigações a cumprir e a mesma liberdade de agir. Os laços de família não sofrem destruição alguma com a reencarnação. Tornam-se mais fortalecidos e apertados.

A Oração

Pela prece o homem atrai o concurso dos Espíritos bons, que vêm sustentá-lo em suas boas resoluções e inspirar-lhe bons pensamentos. A prece é uma invocação pela qual o homem entra em comunicação, pelo pensamento, com o ser a quem se dirige. Jesus ensina: "Quando quiserdes orar, entra ao teu quarto, fecha a porta, ora a Deus em segredo; e Deus, que vê o que se passa em segredo, recompensará". Em outras palavras, é com a força do pensamento que a oração deve ser feita.

A principal qualidade da prece é ser clara, simples e concisa.

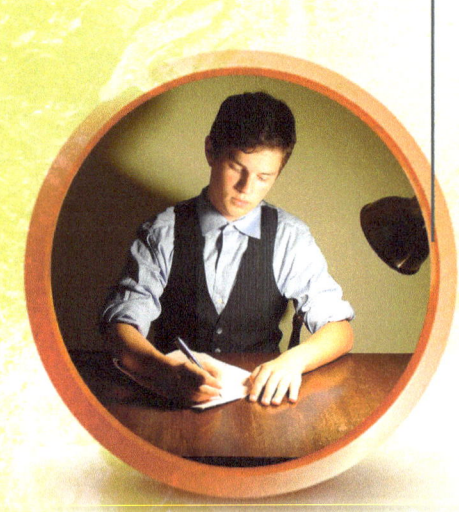

O que devemos pedir?

Seria ilógico que basta pedir para obter, como seria injusto acusar a Providência se não atender a toda súplica que lhe é feita, uma vez que ela sabe, melhor do que nós, o que é para o nosso bem. O que Deus concederá ao homem é a coragem, a paciência e a resignação. Também os meios de se livrar por si mesmo das dificuldades, mediante ideias que fará que os Espíritos bons lhe sugiram.

Nome:
Prece
Origem:
Preces (Latin preces, plural of prex, "prayer")
Conceito:
Pensamento direccionado para atrair a ajuda dos bons Espíritos.
Tipos de preces espíritas:
I – Preces gerais
II – Preces para si mesmo
III – Preces pelos outros
IV – Preces pelos mortos
V – Preces pelos enfermos e obsidiados.

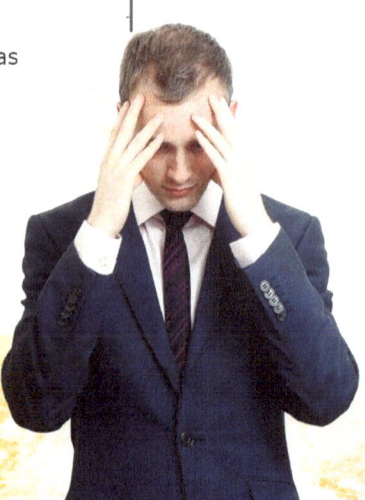

Feliz daquele que pode todas as noites adormecer dizendo: Nada tenho contra o meu próximo.

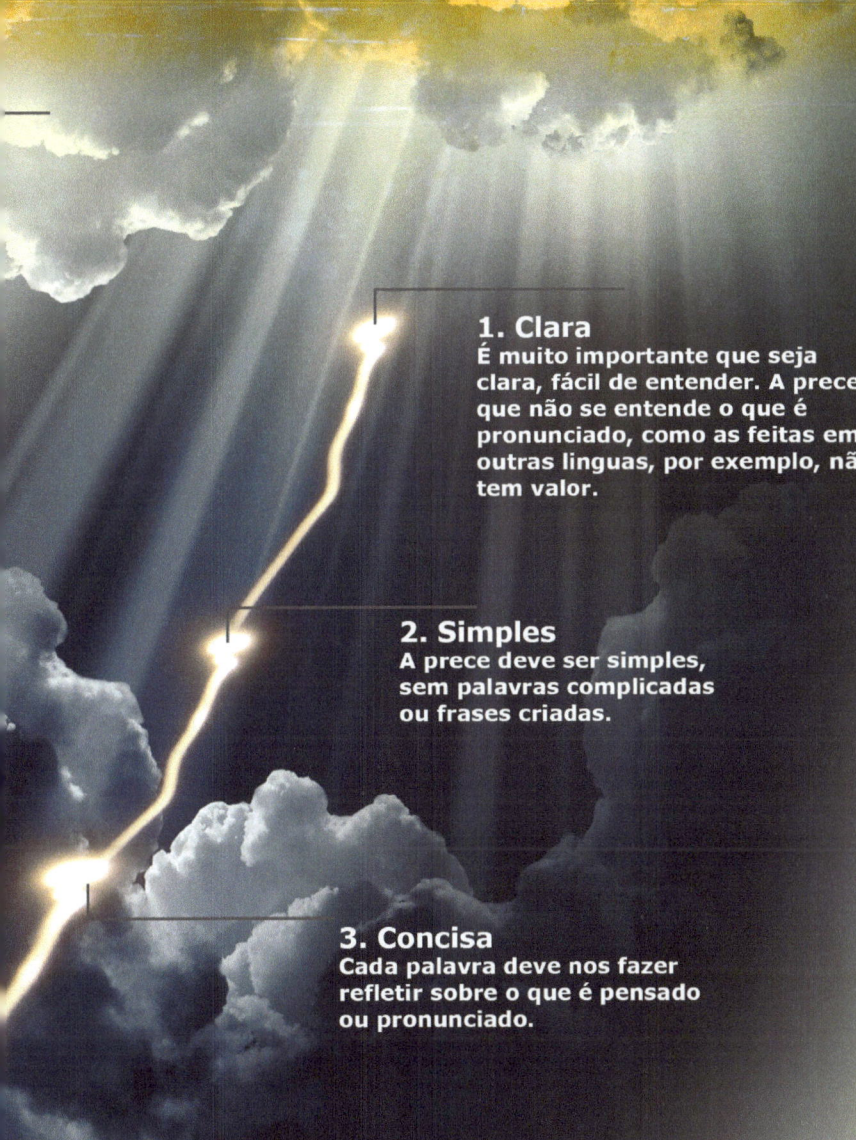

1. Clara
É muito importante que seja clara, fácil de entender. A prece que não se entende o que é pronunciado, como as feitas em outras línguas, por exemplo, não tem valor.

2. Simples
A prece deve ser simples, sem palavras complicadas ou frases criadas.

3. Concisa
Cada palavra deve nos fazer refletir sobre o que é pensado ou pronunciado.

O objetivo da prece consiste em elevar nossa alma a Deus; a diversidade das formas não deve estabelecer nenhuma diferença entre os que nele crêem.

Como devemos orar?

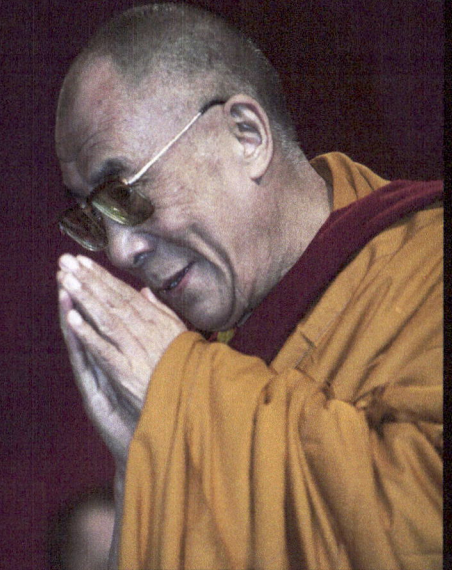

Os Espíritos disseram: "A forma nada vale, o pensamento é tudo. Ore, cada um, segundo suas convicções e da maneira que mais o toque. Um bom pensamento vale mais do que muitas palavras, com as quais o coração não sente".

Existe prece poderosa?

Os Espíritos jamais prescreveram qualquer fórmula de preces. Quando dão alguma, é para fixar as idéias e para chamar a atenção sobre certos princípios espíritas.

O que significa "Buscai e achareis"?

Essa máxima é semelhante a esta outra: "Ajuda-te, que o céu te ajudará". É o princípio da lei do trabalho, para merecer a ajuda dos bons Espíritos, é necessário fazer o primeiro esforço.

O perdão

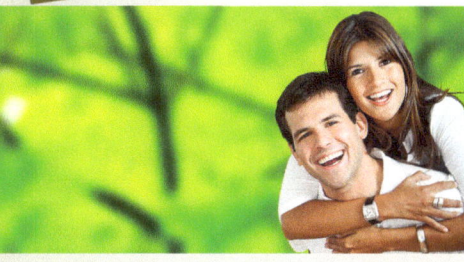

Perdoar aos inimigos é pedir perdão para si próprio; perdoar aos amigos é dar-lhes uma prova de amizade; perdoar as ofensas é mostrar-se melhor do que era. Devemos perdoar sempre, não ser duro, exigente, nem rigoroso, a fim de que Deus nos perdoe.

Trabalhadores da última hora

O nome "trabalhadores da última hora" é designado aos espíritas, para que eles possam servir a sua mensagem, nos tempos atuais, tal qual Jesus a ensinou. No Evangelho Jesus disse: "Muitos são os chamados e poucos os escolhidos". Isso é porque há séculos, o Cristo vem chamando aos homens para o seu serviço e nem sempre eles tem correspondido as suas súplicas. Agora o Cristo chama novamente, neste momento histórico que vive a Terra, para fazer parte da transformação num mundo de regeneração.

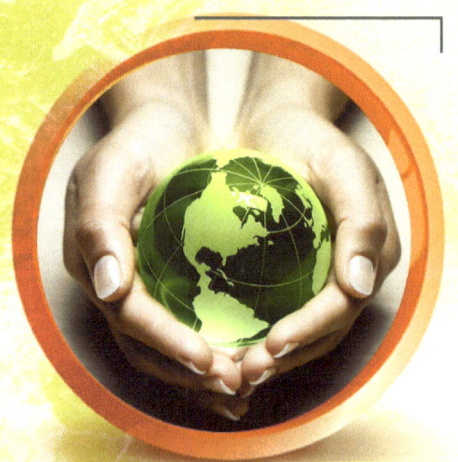

Para que serve o Evangelho?

Com a compreensão do Evangelho à luz do Espiritismo, o homem tem condições de poder se transformar interiormente, se autoiluminar, e iluminar a humanidade. Esta é a missão do Espiritismo, revelar o que foi dito, para que todos possam ter um fácil entendimento.

Como entender o Evangelho?

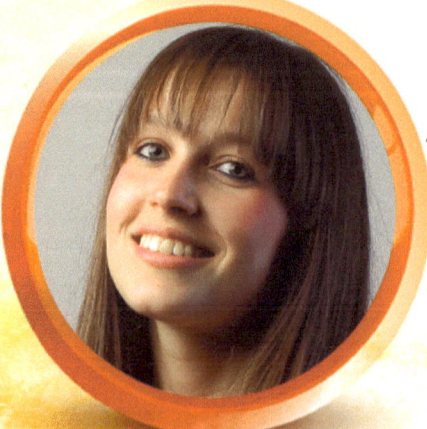

Entender como o código do amor. O princípio de tudo começa com o auto-amor, é fundamental o espírita se amar, para poder desejar o seu bem e o seu progresso. Só assim, com pleno de amor, poderá reverte-lo ao seu próximo e a humanidade.

Nome: Trabalhadores da última hora.
Conceito: Espíritos chamados por Jesus.
Objetivo: Restabelecer o Evangelho na Terra.
Observações: Os espíritas são chamados a desempenhar esse papel, trazer o Cristianismo redivivo.

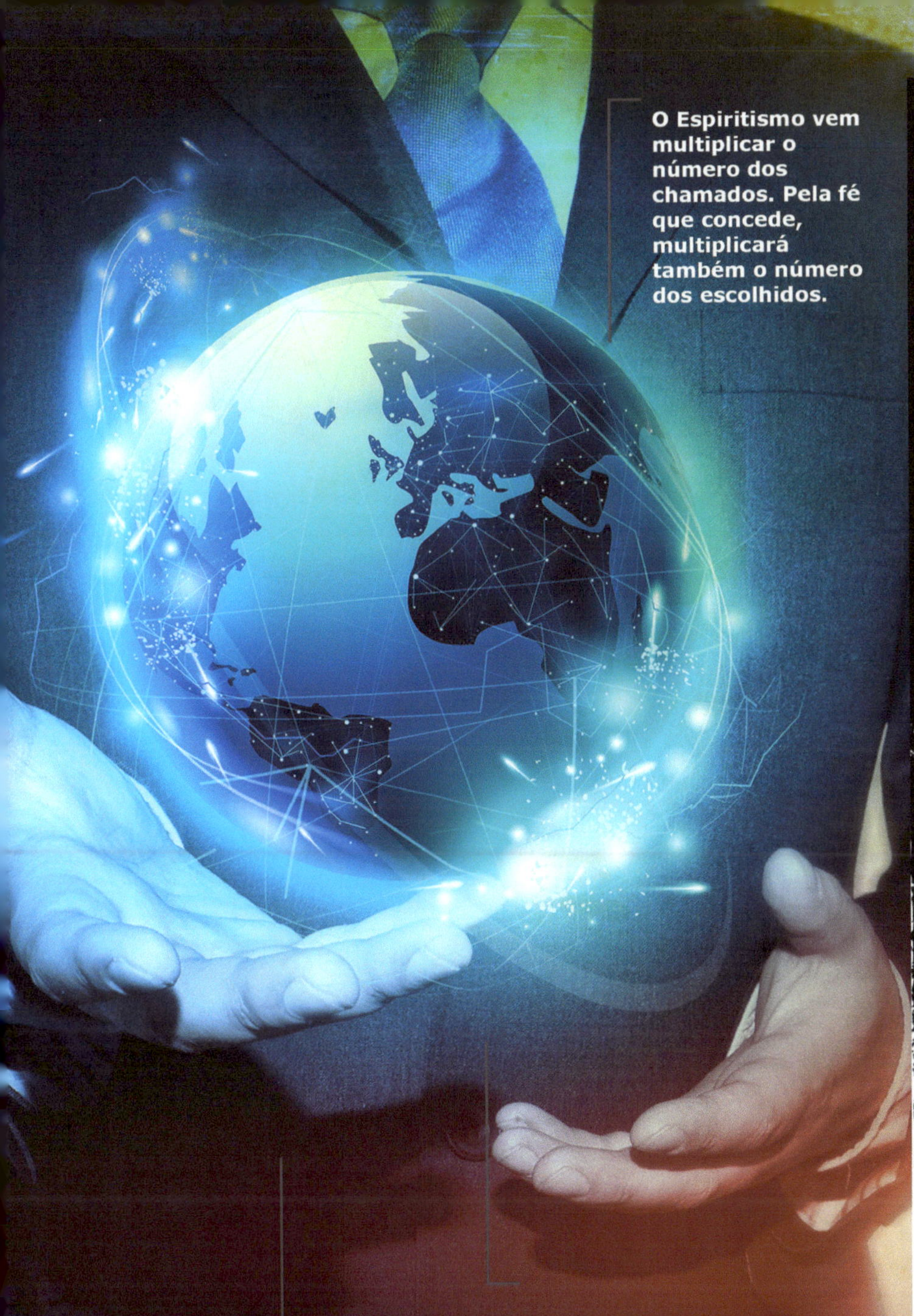

O Espiritismo vem multiplicar o número dos chamados. Pela fé que concede, multiplicará também o número dos escolhidos.

Quem são os espíritas?

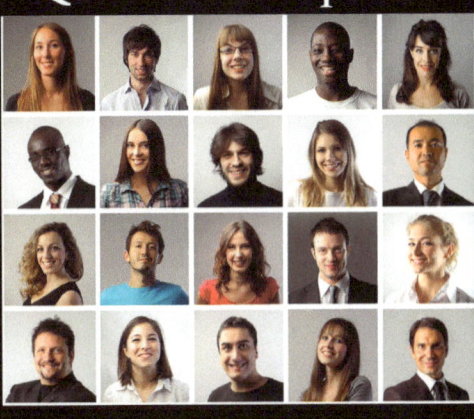

Os Bons espíritas são todos trabalhadores da última hora. Todos as pessoas que estão indo ao chamado do Cristo, os que buscam sua renovação interior, embora há muitos séculos o Senhor tenha chamado para a sua vinha, sem que nela quiseram entrar. Não basta dizer-se cristão. É preciso, antes de tudo e sob condição expressa, ter pureza de coração e praticar a lei de Deus, contida nesta frase: "Fora da caridade não há salvação". Entre os que ouvem a palavra divina, poucos são os que a guardam e a aplicam proveitosamente! É por isso que Jesus falou: "Muitos serão chamados; poucos, no entanto, serão escolhidos".

O primeiro cuidado de todo espírita sincero deve ser o de procurar saber, nos conselhos que os Espíritos dão, se não há alguma coisa que lhe diga respeito.

Somos responsáveis pelo nosso planeta, pelo nossa sociedade, pelo nosso corpo, pela nossa vida.
O Evangelho à luz do Espiritismo, com a fé racionada, nos ensina o bom uso responsável das leis de amor de Deus.

A árvore do Evangelho

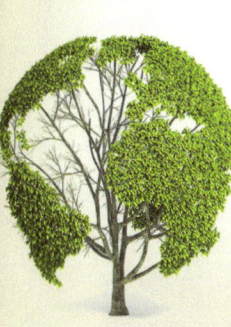

No livro "Brasil, Coração do Mundo, Pátria do Evangelho", psicografado por Chico Xavier, afirma que Jesus transportou a árvore do Evangelho, da Palestina para o Brasil. Assim, o Brasil cumpre papel fundamental na restruturação do Cristianismo, por isso que é a maior nação espírita do mundo.

O Evangelho e o futuro

A falta de amor é o maior problema na humanidade. Ela começa com a falta de auto-amor. Enquanto as pessoas não se amam, não se valorizam, não tem aspiração de crescimento para um estado melhor, não se reconhecem como filho de Deus. A proposta do Cristo começa com "amar-se a si próprio", se reconhecer como Espírito imortal, herdeiro das glorias do "Pai". Quando os homens do amanhã, comprendam os ensinos que o Evangelho propõe, se identificarão como anjos em potência. Eles enxergaram em todos os seres (homens, animais e plantas) como seus próximos, seus irmãos em evolução e que o caminho para sua felicidade, é a prática do amor. Esse dia, com a humanidade iluminada, terá chegado o "reino dos céus" na Terra.

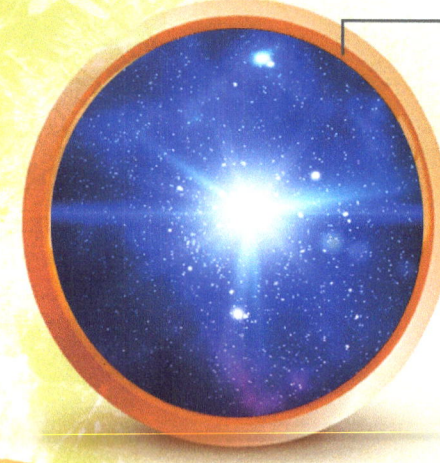

Como conseguir a iluminação?

Somos seres de luz, em essência Espíritos luminosos. O nosso destino é transformar-nos em em seres plenos de amor, com o esforço individual e o amor incondicional, as nossas potências espirituais vão despertando, ate atingir a total iluminação. Por isso Jesus nos disse: "Brilhe a vossa luz".

Nome:
O futuro
Conceito:
O Evangelho será compreendido e vivenciado pela nova humanidade.
Consequencias:
O planeta Terra será um mundo feliz.
Observação
Com o Evangelho nos corações dos homens, o "reino dos céus" terá chegado a Terra.

A nova humanidade, com a compreensão do Evangelho, vem para mudar a estrutura moral do planeta, e trazer em definitivo o "reino dos céus" no coração dos homens.

Com o Espiritismo, o Evangelho deixa de ser uma bandeira de disputas, para tornar-se numa ferramenta de auto aperfeiçoamento.

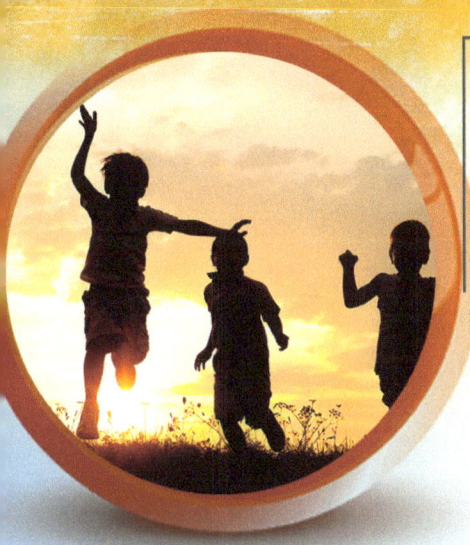

Como será a humanidade do futuro?

Despertará para os ensinos do Cristo, agirá com amor e com valores mais elevados. Extirpará dentro de seu corações o egoísmo e o orgulho, tranformando a Terra num mundo feliz.

Alimentação
Reconhecerá nos animais seus irmãos e não os consumirá.

Saúde
Se amará mais, evitará os vícios, pois saberá que a origem da doença está no desequilíbrio do Espírito.

Economia
Praticará a justiça a nível pessoal e social, por entender a lei de causa e efeito.

Esportes
Valorizara a vida e não colocar-se-a em risco com esportes radicais.

Lazer
Eliminará todo tipo de eventos que tenham dor alheia, como circos com animais, zoologicos, touradas, esportes de luta, pesca e caça esportiva.

Arte
Juntara o belo com o bom. A arte será útil, servirá como cura e equilíbrio.

Filosofia
Encontrará sentido a vida, como um processo do Espírito na sua purificação.

Religião
Encontrará o caminho do amor como único meio da sua elevação.

Ciência
Unificará com a espiritualidade, ao entender sem ela, fica cega.

Somos Espíritos Puros em potência. O Espírito é o gérmen divino dentro dos seres.

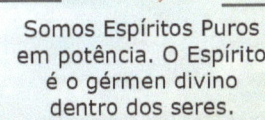

Os Espíritos já disseram tudo?

Não. Se os Espíritos ainda não dizem tudo, é porque cada coisa tem de vir no momento oportuno. A Providência revela as verdades gradualmente, sempre as desvenda à medida que a Humanidade está amadurecida para recebê-las. Jesus disse: "Ninguém acende uma candeia para pô-la debaixo do alqueire", quis disser que todo ensinamento deve ser proporcional à inteligência daquele a quem é dirigido, pois há pessoas a quem uma luz viva demais deslumbraria, sem as esclarecer. Tendo-lhes Deus outorgado a inteligência para compreenderem, eles querem raciocinar sobre sua fé. É então que não se deve pôr a candeia debaixo do alqueire, visto que, sem a luz da razão, a fé se enfraquece.

A terceira reunião de Espíritos Puros

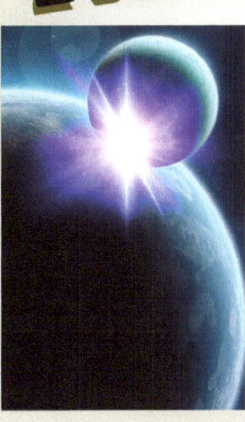

A comunidade dos Espíritos Puros do sistema solar, da qual Jesus faz parte, realizaram uma reunião pela terceira vez. Nessa reunião serão decididos os destinos da Terra, rumo à sua evolução para um mundo de regeneração.

Mais informações do autor em:
www.luishu.com

www.ingramcontent.com/pod-product-compliance
Lightning Source LLC
Chambersburg PA
CBHW040412220526
45473CB00004B/1217